100日で結婚

鎌田れい

星海社

174

SEIKAISHA SHINSHO

婚活に時間をかけてはいけない

「いつかいい人がいたら、結婚はしたいですね(笑)」

「真剣につきあえる彼女を見つけたくて、マッチングアプリを始めたんですよ(照)」

「もう何年も婚活していますが、なかなかうまくいかなくて(困)」


本書は、ぼんやりとでもくっきりとでも、〝結婚〟を視野に入れている、すべての男性に向けたものです。


初めまして。鎌田れいと申します。

八重洲で結婚相談所を主宰している仲人です。

この度ご縁があって、男性向けの婚活本『100日で結婚』を上梓させていただくことになりました。

私が仲人として提唱している婚活法は、ずばり〝最短結婚〟。
具体的な期間を言えば、「100日結婚」です。

なぜ100日なのか。それは、婚活においては時間をかけて活動することが、逆に結婚を遠ざけることになるからです。

婚活とは、言わずと知れた〝結婚するための活動〟のこと。
目的が結婚と決まっているのですから、ゴール達成までの期間を定め、そのためのスケジューリングをすることが最短距離で結婚を決める鍵となります。

ダイエットをしたり体を鍛えたりする時のことを考えてみてください。

ただ〝痩せたい〟〝体を鍛えたい〟と思っていても体形は変わりませんよね。
目の前にある美味しそうなものを見ると、痩せたい気持ちがあっても、食べてしまう。
ジムに行くのも〝明日でいいや〟などと、ついついサボってしまう。

ところが、〝3ヶ月後に憧れの女性も含め、みんなで海に行く約束をした。それまでに細マッチョな体に仕上げたい〟というゴール設定をしたら、どうでしょうか？

誘惑に負けそうになった時も、〝3ヶ月後のために我慢しよう〟と思えませんか？

つまり人はゴールを設定すると、ゴールが見えない時よりも何倍も自分を奮い立たせる力が湧きますし、集中力を発揮できる。

婚活にも同様なことが言えるのです。

「いい人がいたら結婚したい」では、結婚できない

そんな話をすると、「いつか結婚したいとはいえ、今は焦ってはいないし、僕にはまだ関係ないかな」と思う方もいるでしょう。

いいえ。

「100日結婚」は、今まさに結婚相手を探している方だけではなく、頭の片隅に小さくでも〝結婚〟という文字がある方なら、ぜひ胸に刻んでおいていただきたいのです。

というのも、仲人の経験則から申し上げれば、「いつか結婚しよう」と考え、ただいい人と出会うのを待っているだけでは、永遠に結婚できないからです。

よく引かれるデータですが、国立社会保障・人口問題研究所という機関があり、5年おきに「出生動向基本調査」をしています。

次のデータが出る予定は2021年なので、最新が第15回（2015年）と若干古くなってしまいますが、「いずれ結婚するつもり」「一生結婚するつもりはない」の2択のうち、前者を選択した独身男性の割合は85・7％、女性は89・3％という数値が出ています（18歳〜34歳の数値）。

そしてこの割合は、1987年時点の第9回から第15回まで、男性は微減していますが、全体的には大きな変化がありません。

つまり、30年もの間変わらず、約9割弱の男女が「いい人がいたら結婚しよう」と思っているのです。

「いい人がいたら結婚しよう」と思う人たちがこんなに多いのに、実際には年々生涯未婚率が上昇しています。

近い将来、男性については〝3人に1人が結婚しない時代〟がやってくるとも予測されているのです。


自然な出会いでの結婚が通用するのは、20代のみ

では、なぜデータに反する未婚率を叩き出しているのでしょうか？

それは、「いい人がいたら結婚しよう」と思っている人たちのほとんどが、いい人に出会うことができていないからです。

彼らが望んでいるのは〝自然の出会い〟。要は、普段の生活をしていての出会いです。

例えば、学生時代の後輩、同級生、先輩。社会に出ていたら、会社の同僚や取引先の相手、趣味のサークルや習い事をしていたら、そこで出会う仲間たち。もしくは友達を介して知り合った人たちなどです。

生活している中でたまたま出会い、コミュニケーションを取っているうちに恋心が芽生える。それがいつの間にか恋愛に進展し、恋愛期間を経て結婚へと結びついていく。それが、理想的な流れです。

〝自然な流れでの結婚〟は、20代ならできる可能性が高いと思います。なぜなら、結婚したいと思う独身者が、生活圏内にまだまだ大勢いるからです。

しかし30歳を過ぎると、生活圏内で理想の結婚相手を探すのは非常に難しくなります。

さらに、下の表をご覧ください。

昔はお見合い結婚が主流でした。けれど1965年から69年の間に、恋愛結婚がお見合い結婚を上回るようになったのです。

その後、恋愛結婚が主流になっていきますが、それにともなって婚姻率は、一度上がった時期もありますが全体的に見ると下がっていきます。

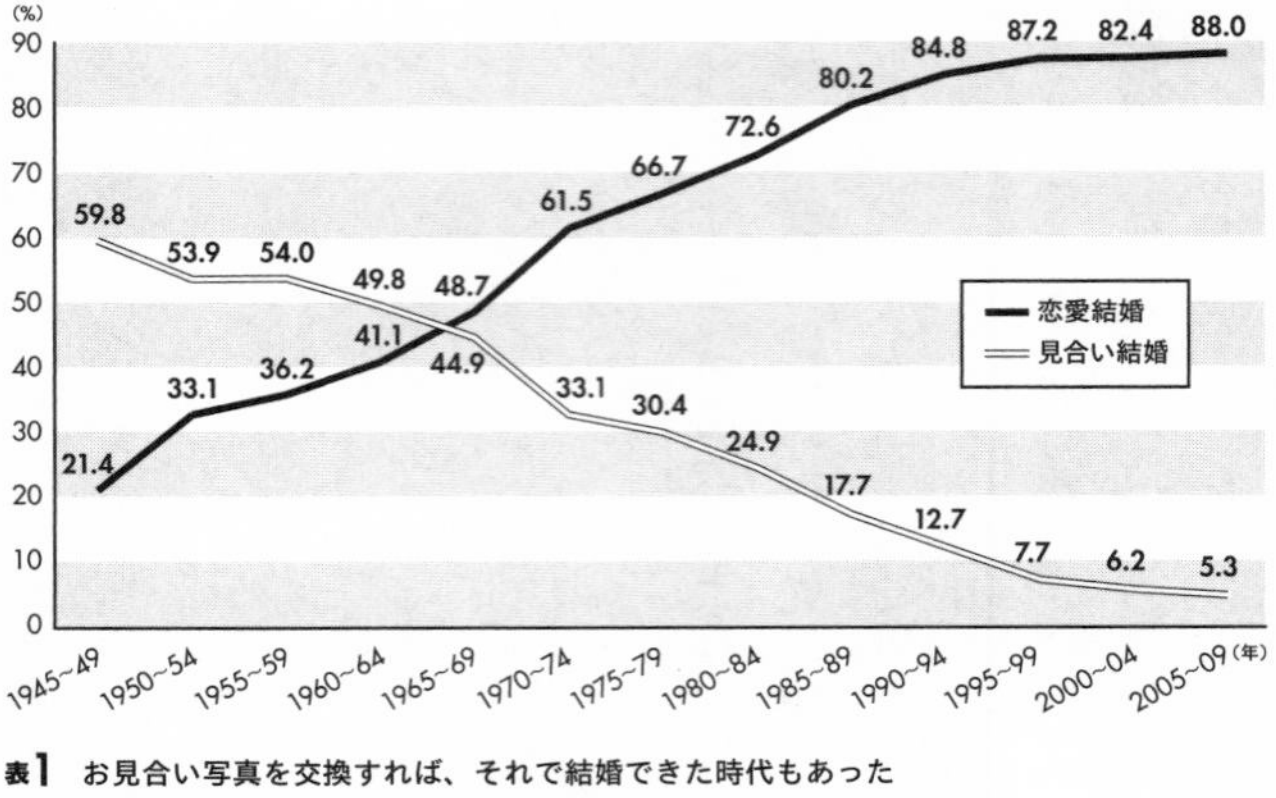

表1　お見合い写真を交換すれば、それで結婚できた時代もあった

厚生労働省　平成27年度版厚生労働白書―人口減少社会を考える―
図表1-3-9　恋愛結婚と見合い結婚の割合の推移
https://www.mhlw.go.jp/wp/hakusyo/kousei/15/backdata/01-01-03-009.html

明治、大正、昭和初期の頃は、年頃になると親や親戚縁者から伴侶となる人を紹介され、何の疑問を持つこともなく、その人との結婚を決めていました。

しかし、恋愛結婚が主流になり出してから、結婚は〝人から相手を与えられる〟ものから、〝個人の選択〟に委ねられるようになりました。

選ぶ時代に入ると、選べる力のある人は結婚していくし、選べる力のない人（もしくは、選ぶ気持ちがない人）は、結婚をしなくなります。

さらに結婚を難しくしてしまったのが、インターネットの普及です。

ネットが普及する以前は、結婚相手を選ぶにしても、自分の行動範囲にいる年頃の異性、知人から紹介された異性など、候補者になる人数が限られていました。

ところが、今やスマホやパソコンがあれば、時間も場所も関係なく世界中の人たちと瞬時につながれるようになったのです。

婚活においては無数の婚活ポータルサイトがネット上に登場し、登録すれば全く面識のない異性と簡単につながることができるのが今の時代です。

選べる数が増えてしまったから、逆に選べなくなってしまったのです。

だからといって私はここで、「選べないなら、お見合いにしませんか？　婚活を成功させるにはそれが一番！」と言いたいわけではありません。

マッチングアプリでも、結婚相談所でも、婚活パーティでも、婚活居酒屋でも、街コンでも、合コンでも、自分に合う婚活場所を選ぶなら、どこでも良いのです。

ただし、先程も言ったように、婚活期限は100日。

結婚したいなら、その法則だけは決して変わりません。

〝恋愛経験が少ない＝結婚できない〟は、あり得ない

すると今度は、こんな声が聞こえてきます。

「100日以内に結婚？　そんなの無理でしょう」

「たった100日で相手を知ることはできないし、まして生涯の伴侶になる結婚相手をそんな短期間で決めていいんですか？」

はい、出会って相手を知って結婚するまでに、100日あれば十分です。

「いやいや、できたとしても、それはモテる人の話でしょう？　今までろくに恋愛を経験したことのない自分には、無理です」

では、こう考えてください。

例えばあなたが、30歳で恋愛経験のまったくない男性だとします。

中学や高校で恋愛をする人もいますが、一般論として、本格的な恋愛デビューを、高校卒業後の18歳としましょう。そうなると、18歳から30歳まで、他の人たちが恋愛を楽しんでいた12年間をあなたは失った、という計算になります。

ただ普通に生活をしていたら出会える恋愛対象の女性は、1年間に1人、多くても2人がいいところ。仮に2人だとして、それを12年で掛けたら、24人になりますね。けれど実際問題、〝12年間で24人とつきあった！〟という人は、ほとんどいないはずです。

しかし婚活市場では、〝24人の女性と出会う〟のは、頑張れば2ヶ月でクリアできる数字。あなたの失われた12年間は、婚活市場であっという間に取り戻せてしまうのです。

また、生活圏内で出会う女性というのは、恋愛を楽しみたい気持ちはあっても結婚願望があるかどうかわかりません。一方、婚活市場で出会う相手は、結婚を色濃く考えている女性である可能性が高い。

あなたが真剣におつきあいできる女性、あるいは結婚相手に出会いたいと思うなら、まずは机上の空論で色々考えるより、婚活市場というバッターボックスに立つことが近道なのです。

婚活の段階に応じて、必要なものが変わってくる

しかし、婚活市場のバッターボックスに立つなら、生活圏内での出会いと婚活市場の出会いは、性質が違うということをわきまえておかなければなりません。

生活圏内の出会いの場合はまず大前提として、努力しなくても、ある場所（会社や学校、サークルなど）に行けば自動的に彼女と会える状態にあります。

そして最初は恋愛感情がなくても、何度か会っておつきあいが始まる頃にはすでに、恋人になる気持ちができあがっていいます。

それが婚活市場であれば、どうでしょう？　例えばお見合いの場合、1時間程度お見合

いしてOKとなれば、仮交際（食事などのデートを重ね、お相手の人柄を見る期間）が始まります。仮交際をスタートする時点で結婚という目標はできていても、そこに至るまでの恋愛感情はできていません。

だからこそまめに連絡をしたり、たくさんデートをしたりして、その恋愛感情を積み立てていく努力をしていかないといけないのです。しかし、そういう行為はエネルギーが必要だし気も遣う。そのため、なかなか実行できない男性が多いので、まず結婚には至らないのです。

さらに言えばエネルギーだけではなく、100日で結婚するためにはテクニックも必要となります。

以前、駅のホームで、ある婚活サイトの「お見合いからの交際率は99％」という広告を見かけたことがあります。私はそれを見て、「数字で見たらすごそうだけれど、当たり前のことじゃないの」と思いました。

なぜなら私が預かった会員さんたちも、お見合いをして仮交際に進んだ人たちが、99％以上でしたから。

ところが、そこから真剣交際（結婚を前提として正式におつきあいする期間）へ進むのと、真剣交際から成婚に至るまでが非常に難しいのです。

これはお見合いに限らず、マッチングアプリなど他の婚活でも同じはずです。マッチングが成立して何度か食事はできる。けれどそこから、本気でつきあおう、結婚しようというのは、簡単ではない。

そこで必要となるのが婚活理論に則ったテクニックなのです。

つまりまとめますと、婚活市場では、

- **たくさんの**（結婚願望のある）**女性と出会う。**
- **恋愛感情・気持ちを積み立てるためにエネルギーを使う。**
- **おつきあいを深めて、成婚に至るにはテクニックが必要。**

逆に言えば、それさえできれば、今、どんなに〝自分はモテない〟〝これまで何をやってもうまくいかなかった〟という人も、「100日結婚」が可能となります。

ただ婚活市場というバッターボックスに立っても、ぼんやり立っているだけでは、あるいは滅多やたらとバットを振り回しているだけでは、ヒットを打てません。

しっかり狙いを定めて、ヒットを打てるフォームを作りましょう。

そのために本書では、テクニックやスケジュールを、できるだけ詳しく具体的にお伝えしていきます。

目次

第1章 「100日でも慌てない」婚活スケジュールの立て方とは？ 43

第4章 目指せ100日結婚！ 理解度チェックシート15

第5章 「チョコレートさえ武器になる」基本の会話&LINE作法

巻末付録

ガイダンス

自称「モテない男」でも100日で結婚できる理由

いくら〝脳内婚活〟をしても、結婚には至らない

ここで一度、「100日結婚」の定義についてお話ししたいと思います。

〝100日〟とは、婚活市場に入ったあなたが、「これは！」という女性に出会った時からスタートし、プロポーズを受け入れてもらえるまでの期間のことです。

〝100日〟と設定しているのは、「はじめに」でもお伝えしたように、人間というのは、期限を区切らないと本気で頑張ることができないからです。

しかも、大して活動していなくても「結婚したいな〜」と頭の中で考えているだけで、頑張って婚活している気になってしまう人もいて、これがまた厄介なのです。

例えば結婚相談所に入って、1ヶ月に一回だけお見合いをし、交際になっても会おうとせず放置したままの人がいます。当然何の進展もありません。

けれど、その人にしてみれば、「自分は常に結婚のことを考え、高いお金を払って結婚相談所に登録して、お見合いを1ヶ月に1回はしている＝自分は婚活を頑張っている」となるのです。

はたから見ればダラダラと婚活しているようにしか見えないけれど、本人は頑張っているつもりの状態を、私は〝脳内婚活〟と呼んでいます。けれど、婚活市場でいくら〝脳内

婚活〟を頑張っても、結婚はできません。

「婚活をスタートしたら、1ヶ月で◯人とお見合いするぞ！」

「女性と連絡先を交換したら、週に2回は会うぞ！」

「これぞという女性に出会ったら、100日でプロポーズするぞ！」

などと具体的な計画を立て、ルールを決めなくてはいけません。

会えない時間は愛を消す〝エビングハウスの忘却曲線〟

私が「100日結婚」を推奨するのには、実はもう一つ理由があります。

婚活の出会いというのは、最初に出会って「デートしましょう」となる時が、一番テンションが高い状態です。そのテンションをさらに上げていかなくてはいけないのに、会わないまま時間が経つと、どんどん下がってしまいます。まだ人間関係ができていない時に下がったテンションは、二度と上がりません。

さらに言えば、情報過多のこの時代、〝会えない時間は愛を育てる〟のではなく、〝会えない時間は愛を消す〟だけです。

ドイツの心理学者、エビングハウスによる「エビングハウスの忘却曲線」の話を聞いたことはありませんか？　これは、とある資料によれば記憶したことは、時間の経過とともに薄れていき思い出すことが困難になっていくというもの。それを曲線グラフにしたものなのですが……。

この忘却曲線を見るだけでも、お相手の記憶に残るためにはこまめな努力をしなければならないのではないでしょうか。

おまけに、これだけ婚活アプリやネットが発達しているのですから。もしもお相手がそういったアプリに登録していたら、どんどん新しい出会いを求めていくはずです。そうして新しいお見合い相手の情報が上書きされていけば、一度会っただけの人など、あっという間に、はるか忘却の彼方へ追いやられてしまうでしょう。

そういう意味でも、婚活市場でいいなと思う人と出会えたら素早く動き、100日で決めなければならないのです。

また、繰り返しお伝えしますが、「100日結婚」は、あな

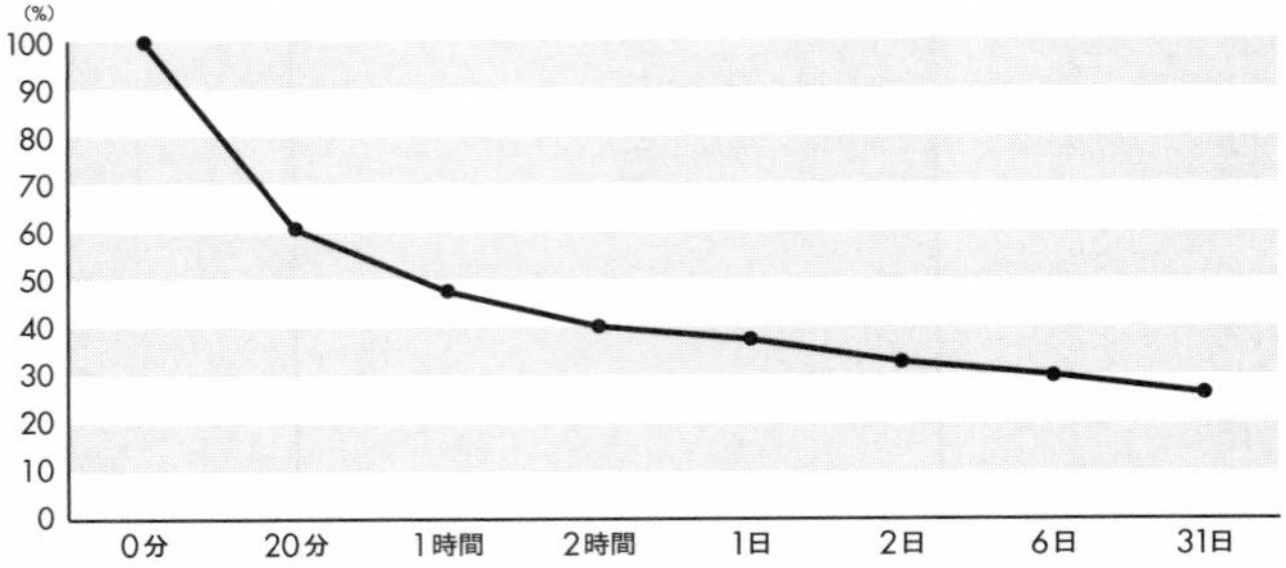

表2　会えない時間は愛を消す“エビングハウスの忘却曲線”

(Ebbinghaus,1885)

たがどんな婚活市場で活動していたとしても、変わる事はないと思ってください。

身元保証とプロのサポートが魅力の「結婚相談所」

続いて、あなたが実際に「100日結婚」を展開していくであろう婚活市場をご紹介します。現在のメイン市場は、次の5つです。

①結婚相談所
②婚活アプリ
③婚活パーティ
④知り合いの紹介
⑤婚活居酒屋・婚活イベント

それぞれの特徴やメリット・デメリットなどについてお話ししていきましょう。

まずは、①の**結婚相談所**。

こちらは2タイプあり、1つは私がやっているような、個人の仲人が主宰する結婚相談所。もう1つは、「オーネット」や「ノッツェ・」のような結婚情報センターのタイプです。

個人の結婚相談所ではスタッフを〝仲人〟と呼び、仲人がお見合いをセッティングし、会員が成婚するまでサポートしていくのが一般的。

それに対し、情報センターではスタッフを〝カウンセラー〟と呼び、定期的に担当カウンセラーが変わるなど、会社によりいろいろなシステムがあります。

ただし個人の相談所も情報センタータイプの相談所も、身元保証が確実な会員がお見合いをし、交際・成婚へと進んでいく体制は同じとなります。

そんな結婚相談所のメリットはなんといっても、お相手の身元がしっかりしていること。というのも登録の際は、身分証明書、独身証明書、収入証明書（女性は任意、男性は必須）、卒業証明書（短大卒以上）などの公的書類の提出が必須だからです。

また、高いお金を払って登録するくらいですから、お相手の女性もかなり真剣に結婚と向き合っている方が多い。

さらに婚活に行き詰まったり決断を悩んだりした時に、相談に乗ってくれるプロがいるというのは、心強いでしょう。

ただその一方で、身元保証を確実にし、プロのサポートが入るとなると、どうしても料金は高くなります。

また、結婚相談所の性質上、入会者の中には、依存心が強めの方や、コミュニケーションを取ることが苦手で引っ込み思案な方が多い傾向にあります。そのため、もしもあなたが社交的である場合、「結婚相談所で出会う人って、ちょっと物足りないな」と思うことがあるかもしれません。

ただし、一度話が決まってしまえばとんとん拍子に話が進むのも、結婚相談所の特徴。5つの婚活市場で最も成婚率が高いのは、やはり結婚相談所なのです。

1000万人から理想の結婚相手を探せる「婚活アプリ」

続いては、②の**婚活アプリ**。これは今、一番人気のある婚活市場と言えるでしょう。業界最大手のマッチングアプリでは登録者数が累計1000万人以上と言われています。

とにかく選べる相手が多い！　というのが、婚活アプリの大きなメリット。

さらに結婚相談所と異なり、料金が安いのも魅力です。気軽に始めて数多くの異性と出会える——。そして、探すのはたった1人の結婚相手でいいのですから。そこに希望の光を見る方も多いはずです。

また、登録しているのは、人に頼らずに自分で相手を探そう！　と思える能動的な人たち。ある程度の恋愛経験やコミュニケーション能力を持つ人も多いのです。そのため、楽しいデートができるお相手と出会える確率も高いのではないかと思います。

けれど気軽に始められる分、そこには落とし穴もあります。それは、登録しているお相手の身元や真剣度が保証されていないということです。

婚活アプリは、独身証明書や収入証明書等の提出が必須ではありません。

もしかしたら出会った女性は結婚をしたいのではなく、ただご飯を奢ってくれる相手を探しているだけかもしれません。それどころか既婚者が遊び相手を探しているだけかもしれないのです。

私の知人が以前、ある婚活アプリに登録していた時は、「トラブルがあった際は弁護士に相談できる」というオプションがあったそうです。つまり、それだけトラブルも多いということなのでしょう。

もちろん、真剣にパートナーを探している方もたくさんいらっしゃるはず。けれど、真剣な人と遊び目的の人、その見極めが難しいというのは、大きなデメリットだと思います。

短時間で大人数とリアルで会える「婚活パーティ」

では、③の**婚活パーティ**はどうでしょう。パーティ最大のメリットは、「短い時間で、たくさんの人数に直接会える」こと。お見合いだと2時間で1人としか会えませんが、15対15のパーティなら2時間で15人に会えるのです。

出会いの数で言うなら、婚活アプリに負けるのでは？　と思う方がいるかもしれません。けれど、やはり写真やプロフィールだけで見るのと直接会うのとでは、全く違います。どんなにプロフィールをきれいに取り繕っても、どんなに写真を盛り加工しても、雰囲気まではわかりません。それが会えば一目瞭然。においから肌の質感、話し方まで、全てが出会ってすぐにわかってしまうのです。

婚活市場でリアルに会うというのは、第一印象を見極める上でとても大切な要素となります。例えば、コロナ禍において、婚活市場ではさかんにオンラインお見合いが行われました。オンラインお見合いは、画面を通して話すだけなら通過率がいいのですが、次にリアルに会った時、お断りとなる確率が驚くほど高かった。体臭、歯並び、肌の質感など画面越しにはわからなかったものがリアルに伝わり、負のギャップになったからです。

そのため、リアルな出会いを短時間で多数こなせるパーティは、出会いのツールとして非常に効率がよいと言えるでしょう。

とはいえ、これにもやはりデメリットが伴います。

まず、婚活パーティは、結婚相談所（もしくは仲人個人）か、一般のパーティ業者が開催しています。結婚相談所が主催の場合、参加者の身元は確か。けれど一般業者の場合は身上チェックがかなり緩く、婚活アプリ同様に身元保証が確実ではない場合も多いのです。

それならば、と結婚相談所が主催するパーティを選べばいいかというと、一概にそうとも言えません。なぜなら、そういったパーティには、お見合いがなかなか組めない人たちが集まる場合も多く、〝出たとこ勝負〟となるからです。

〝出たとこ勝負〟がいい方向に行けば、理想のお相手と出会えるかもしれません。けれど、自分の希望する条件にかなわない人ばかりだったらどうでしょう。パーティに参加する場合は、そういったリスクもあることを覚悟しなければいけないのです。

人柄が保証された「知り合いの紹介」のネックとは？

④の**知り合いの紹介**でいい所は、ほぼ間違いのない人を紹介してもらえることでしょう。

そもそも友人関係にあるということは、ある程度の人柄は保証されているのです。

しかし、友達の紹介は、底を突くのが早いもの。紹介できても、1人か2人がせいぜい。3人紹介してもらえることは、稀です。

さらに知り合いの紹介の場合は、断りづらいという側面もあります。これは友人の場合もですが、紹介してくれるのが会社の上司や取引先の相手であれば、尚更でしょう。

最後、⑤の**婚活居酒屋や婚活イベント**について。

婚活居酒屋とは、居酒屋で隣の人とおしゃべりをしながら、出会いを楽しむ場所。そして婚活イベントとは、一時期流行った〝街コン〟のように、街を楽しみながら出会いを探したり、〝ワイン会〟のように、趣味を楽しみながら出会いを探したり、何か一つイベントを挟んでの婚活です。

こういった場所で出会い、結婚される方もいるのでしょうが、マッチング率も低いし、身元保証も確実ではない。私としては婚活市場として、あまりおすすめできません。

それでもあえてメリットを挙げるとするなら、女性とおしゃべりをするトレーニングができる、ということでしょうか。他の場で真剣に婚活をしながら、ここでコミュニケーショントレーニングをするにはいいと思います。

婚活をする人が常に胸に刻んでおくべき、たった1つのこと

どの婚活市場においても、婚活するにあたり決して忘れてはいけないことがあります。

それは、どれだけ断られても決して自己否定に走らず、卑屈にならないということ。

5回断られただけで婚活市場を去っていく人もいれば、100回断られても普通にお見合いをしている人もいます。そこは、自己否定をする人としない人の差なのでしょう。

入会面談をしていると、時々、こんな人がいます。

「僕は自分のことが、好きじゃないんです」

そういう人は、ほぼ結婚できません。考えてみてください。自分が嫌いだと言う人を、他人が好きになりますか？

もしあなたが自己否定しがちな人であったり、物事をなんでも悲観的・否定的に捉える人であったりするならば、まずはその考えを改めましょう。

「でも、100人に断られて落ち込まないなんて、無理ですよ」

それは違います。１００人に断られている人というのは、モテないのではありません。婚活するターゲットを間違っているのです。

例えば、私のところに40歳の男性会員がいます。彼は頑なに30歳までの女性としかお見合いをしません。ハンサムで学歴も年収もいいので、お見合いだけは組めますが、そういった若い女性たちと2~3回会うと、必ずお相手からお断りが入るのです。

原因はおそらくジェネレーションギャップ。お相手と年代差があり話が合わないのです。

そこで私が、女性への希望年齢をもう少し上げるようアドバイスすると、一度は引き上げるのですが、２ヶ月くらいすると、また若い女性に申し込みをかけ始めます。

そして時は過ぎ、あんなにもハンサムで条件のいい彼は、今もまだ、お一人様のまま。私のところへきて、３度目の冬を迎えようとしています。

だからもしあなたが「僕はモテないから」というのなら、私は言いたいのです。

もしかしてあなたは、婚活するターゲットを間違っているだけではないのですか？と。

20代からの恋愛事情を書き出してみて、気づくこと

「100日結婚」や婚活市場の概要をお話ししてきました。

それでもまだ婚活を躊躇しているのなら、ぜひやっていただきたい事があります。

今まで結婚できそうだった恋愛を書き出してみてください。すると、意外とそんな恋愛が少なかったと気づくはずです。もしかしたら皆無かもしれません。

また、「お金をかけてまで婚活をしたくない」と言う方は、〝お金をかけない〟方法でどれくらいうまくいったのかも、合わせて書き出すといいでしょう。

女性にご飯を奢ったり、ガソリン代をかけて遠出のドライブに連れて行ったり。〝お金をかけていない〟はずの婚活でも、男性は案外〝お金をかけて〟いるものですから。

そして、やっていただきたいことはもう一つあります。

街中でも婚活居酒屋でもいいので、女性をナンパしてみてください。

これは特に、恋愛経験があまりないのに、「いつか理想の結婚相手が現れる」と思い込んでいる方におすすめしたいと思います。そして、声をかけた相手が、あなたとどれだけ楽しく会話してくれるのか、試してみてください。

おそらく、声をかけることすら非常にハードルが高いはずです。その調子で、〝理想の結

婚相手〟に出会った時、ちゃんと声をかけられますか？　彼女の気持ちをつかまえ、自分と結婚したいと思ってもらえるくらい、楽しませることはできますか？

もしもそれが難しそうなら、ご自身に合った婚活やそのやり方を見直しましょう。


「期限は100日！」と自分を強く戒めよう

ガイダンスの最後に、この本の見方を説明しておきます。

この本は7章に分かれており、最初の第1章では、具体的なスケジュールの立て方についてお伝えしています。

第2章から第4章は、〝100日〟を3つに分けた、第1タームから第3タームについて、それぞれ具体的な注意事項を、アドバイスと共にお話しししています。

続く第5章から第7章では、婚活市場における女性からのお断りの理由トップ3を紹介。

- **LINEや会話の作法**
- **女性の本音やサインを見抜く方法**
- **身だしなみを整えるために必要なもの**

この3つをお断りの理由にされないよう、私が仲人の経験を通して培ったテクニックをお伝えしているので、ぜひ参考にしていただければと思います。

第1章

「100日でも慌てない」婚活スケジュールの立て方とは？

“100日”を、3つのタームに分けてみよう

「100日結婚」は、婚活市場に入ったあなたが、「彼女となら結婚を考えられそうだ」という女性に出会ったところからスタートします。

「100日で結婚を決めると言っても、一体何をどうすればいいんだ!?」

そう焦り、途方に暮れる方もいらっしゃるでしょう。

もちろん、やみくもにアプローチをするだけで、「100日結婚」はできません。

そこでこの章ではまず、100日と聞いても慌てなくて済むスケジュールの立て方について、確認していきたいと思います。

実は、「100日結婚」というのは、3つのタームに分けられています。

- **第1ターム　1～6週（42日間）**
- **第2ターム　7～10週（28日間）**
- **第3ターム　11～14週＋2日（30日間）**

この3つのタームは、それぞれが大切な役割を担っており、また、それぞれ必要となるエネルギーやテクニックが、少しずつ異なります。

まず、1~6週目となる「第1ターム」は、お見合いでいうところの〝仮交際〟。出会ってから〝真剣交際〟に入るまでの期間です。

ここは、出会ったお相手の人柄を見る、吟味の時期となります。〝真剣交際〟に向けて、基本情報や性格を見極め、結婚前提の恋愛ができる女性なのかを判断していくのです。

お見合いや結婚相談所主催のパーティであれば、相手の身元保証など、基本的な条件はすでに把握できているはず。しかしアプリや知人の紹介の場合、初めて会った時にわかっているのはお相手の見た目と雰囲気だけ、ということもあるでしょう。

その場合は、お見合いのプロフィールにあるような基本情報――家族構成や出身地、学歴や仕事など――をまず、把握しなければいけません。

多くの男性の場合は、最初の印象で重要視するポイントは、女性の見た目。それが7、8割を占めており、あまり年収などの条件を気にする人はいないようです。しかしそれでも、基本情報を最初に把握しておくことで、後々のトラブルを避けることができます。

さらにアプリなどの出会いでは特に注意してほしいのですが、お相手が結婚に対して、どれほど真剣に向き合っているのか。その真剣度も、確認しておくべきだと思います。

また、この第1タームは、先程もお伝えしたように〝仮交際〟の時期。あなたは他の女性とお見合いをし、同時並行で数人とおつきあいすることができます。しかし逆に言えば、お相手も、同時並行で他の男性と会う可能性があるということ。

彼女を手放したくないなら、しっかりと心をつかむ努力をしなければいけません。

当たり前のことですが、ここで失敗すれば、第2、第3タームへの道は断たれてしまいます。そこで、このタームだけは、できるだけ具体的な注意事項・チェック事項をお伝えしていかなければならないため、週ごとに細かなアドバイスを用意しました。

一緒にいる時の〝居心地のよさ〟も結婚を後押しする

続く7~10週目は、第2ターム。ここは、〝恋愛をする期間〟。第1タームで人柄を知っていくうちに、気持ちが出来上がっていった2人が、思う存分恋愛を楽しむ時期です。

婚活市場の出会いも、好きにならなければ結婚できないのは、生活圏内で出会った男女の恋愛と同じこと。結婚とは基本的に、同じ相手と一生を添い遂げるわけですから、彼女と一緒にいて心地いいか、楽しいかということは、とても大切です。この時期は、恋愛を楽しみながら、その〝居心地〟も確認してほしいと思います。

「好きになれない」などと〝気持ち〟ばかりに執着するのは問題です。けれど一方で、他の条件や結婚に執着するあまり、〝好きになれない〟〝違和感がある〟相手と一生一緒にいることも、苦痛に違いありません。

心は熱く、けれど頭は冷静に。

第2タームでは、デートを通して人柄や人間性を、さらに深く見極めていきましょう。

また、第2タームにはもう一つ、大きな役割があります。それは、ここで信頼関係をしっかり築いておかなければいけないということ。それができないと、現実的な見極めをするべき第3タームで、深く突っ込んだ話ができないからです。

ちなみにこの時期は、それぞれのカップルによって関係の深まる速度やデートのプランが異なるため、期間全体を通して見極めるべきことを、1ヶ月単位でお伝えします。

現実的に結婚を見据え、価値観をすり合わせる

11週からの第3タームは、結婚を前提に、現実的な価値観をすり合わせる時期です。最も重要なのはお金の使い方。そして住む場所や、結婚した後に彼女がどういうスタイルで仕事をしていきたいのか、さらに子どもを持つかどうかの選択など。結婚によって生じる問題や責任にどう対処していくかを決めていかなければいけません。

先程、〝好きにならなければ結婚はできない〟と言いましたが、やはり「好き」だけでもだめなのが、結婚。現実レベルで結婚を捉えた時に、お互いの価値観が噛み合っているか、もし合っていないなら、それはどちらかが歩み寄れるレベルのものなのか。それをしっかりすり合わせておかなければならないのです。

そこで4章では、第3タームですり合わせるべき事柄を、余さずお伝えしていきます。

ところで……。第3タームには4週間の後に〝プラス2日〟とあるのが気になる方もいらっしゃるかもしれません。これは、最後の仕上げ、プロポーズの準備期間となっています。ここでは、成功へと導くプロポーズテクニックをお伝えさせていただきますね。

それぞれのタームの詳しい説明は次章以降で確認していただければと思います。

また、本書では、オリジナルの「スケジュール表」を用意しています。ぜひ、ご自身の

〝100日結婚プログラム〟を作成する際に、役立てていただければ幸いです。

婚活市場のおつきあいは、進展が〝早すぎる〟?

スケジューリングは理解できたものの、まだ〝100日〟というスピード感に不安を残している方もいらっしゃるでしょう。

確かに、生活圏内のおつきあいと比較すれば、婚活のおつきあいは進展が早いものです。というのも、生活圏内の恋愛は結婚が目的ではありませんが、婚活の出会いは、すでに結婚というゴールが決まった恋愛だからです。

生活圏内の恋愛の場合、おそらく「一緒にいると楽しい」というところから関係をスタートさせるカップルが多いでしょう。例えば職場や趣味のサークルなどで、会っているうちに自然と恋愛感情が芽生えて……というように。

ですから、最初の時点では相手のプロフィールも、恋愛や結婚がしたいかもわかりません。そのため、婚活でいう第1タームに長い時間が必要になります。

ここであるアンケートを紹介したいと思います。

2018年11月、「株式会社オーネット」が実施した『独身男女の交際スタートに関する実態調査』（結婚相手紹介サービス「株式会社オーネット」調査）に、「現在の恋人と出会って、どれくらいの期間を経て交際がスタートしましたか？」という質問がありました。結果は左記の通りです。

出会ってからおつきあい（婚活市場でいうところの真剣交際）がスタートするまで、3ヶ月以上かかったカップルは、1位の「3ヶ月以内」を上回ります。おそらく1位の「3ヶ月以内」にしても、出会って1週間でつき合ったカップルは多くないはずです。

例えばある男女が、社会人の趣味サークルで出会ったとしましょう。週に1回会っていた2人が何かのきっかけで会話を交わすようになり、3度目でやっと、「よく会いますね。この後、お茶でも」という流れになる。そこで思いのほか、話が弾んで「来週はサークルの後にご飯でも！」となって、連絡先を交換する。つまり最初に食事をするまででも約1ヶ月を要します。

そうして何度かデートを重ねるうち、恋愛感情が

（独身男女683名が対象）

1位	3ヶ月以内	（35.6%）
2位	1年以内	（17.3%）
3位	6ヶ月以内	（17.1%）
4位	2年以内	（9.5%）
5位	3年以内	（6.9%）

表3　婚活市場のおつきあいは、進展が“早すぎる”？

2018年11月『独身男女の交際スタートに関する実態調査』（結婚相手紹介サービス「株式会社オーネット」調査）
https://onet.co.jp/company/release/2018/pdf/20181108.pdf

芽生えて、「僕たち、つきあおうか?」となるまでには、さらに時間がかかるのです。

おまけに恋愛期間中も、2人の目的は結婚ではありません。もちろん、将来的に結婚を意識しているケースはあると思います。けれど、2人が恋愛をする最大の目的は〝恋人関係を楽しむこと〟であり、結婚相手として相手を見極めることではないのです。

一方、婚活市場の出会いはどうでしょうか。

初期の段階で、自分の持ち札は全て晒し、お相手の条件や結婚願望の有無も把握しているのですから。結婚前提の恋愛を始める前に必要な、探りあいのステップを全て省略できてしまうのです。

そうして仮交際がスタートし、真剣交際で関係を深めていく間、恋愛を楽しみながらも、常にお相手を結婚相手としてふさわしいかどうか見極めています。

例えばレストランでの食事ひとつとっても、無意識のうちに色々とチェックをしているのです。食事のマナーはどうか、店員さんへの態度は丁寧か、そして自分がご馳走した時の反応は? そういったことの、全てを。

そのため、出会いから成婚までの道のりを約3ヶ月に凝縮できるというわけです。

有名人に〝スピード婚〟が多い理由

もう一つ、皆さんに見ていただきたいものがあります。

左の表は、ここ10年ほどの間に交際1年以内で結婚を決めた、いわゆる〝スピード婚〟有名人カップルのリストです。

何が彼らの〝スピード婚〟を可能にしたのか。そこには、「100日結婚」と共通の理由がありました。

ざっと調べただけで19組のカップルを見つけました。1年以内に結婚を決めても〝スピード婚〟と言われますが、その中でもさらに、交際スタートから3ヶ月以内、つまり約100日以内で結婚を決めているカップルが、8組もいます。

この8組は、どうしてこんなに早く結婚を決断できたのだと思いますか？

中には以前からずっと知り合いで、ある程度人柄を知った後で恋人関係になったのだ、というケースもあるでしょう。

俳優さんの場合、ドラマや映画などで共演すると一緒に過ごす時間も長く、コミュニケーションをきちんと取らなければ成り立たない職種ですから。そこで人間性が合うとわかり、短い期間でパートナーにしようと決断したのかもしれません。

あるいは、公の場所でデートができないからと、お互いの家などで密室のデートを重ねていたため、親密になるのが早まったカップルもいると思います。

しかし、彼らが結婚を早く決められたのには、何よりも大きな3つの理由があるのです。

1つ目の理由は、有名人の場合は相手についての前情報が得やすい、ということです。

これだけ情報が豊かな社会なのですから。有名人同士であれば、お互いにいくらでもその人について、前情報を調べることができます。

例えば、出身地や家族構成。デビュー

2008年10月	長谷川京子&新藤晴一（ポルノグラフィティ）	交際3ヶ月
2013年 4月	仲里依紗&中尾明慶	交際5ヶ月
2013年 4月	菅野美穂&堺雅人	交際3ヶ月
2015年 8月	堀北真希&山本耕史	交際2ヶ月
2016年 6月	水野美紀&唐橋充	交際3ヶ月
2016年 6月	優香&青木崇高	16年年明けから交際
2018年 3月	山崎夕貴&おばたのお兄さん	交際10ヶ月
2018年 7月	前田敦子&勝地涼	交際4ヶ月
2019年 2月	ベッキー&片岡治大	交際約9ヶ月
2019年 2月	篠田麻里子&一般男性	交際0日でプロポーズ
2019年 6月	蒼井優&山里亮太（南海キャンディーズ）	交際2ヶ月
2019年 6月	リン・チーリン&AKIRA（EXILE）	交際半年
2019年 6月	春風亭昇太&一般女性	19年に入って交際スタート
2019年 9月	舟山久美子&一般男性	18年クリスマスから交際
2019年11月	安藤なつ（メイプル超合金）&一般男性	交際3ヶ月
2019年11月	若林正恭（オードリー）&一般女性	交際3ヶ月
2020年 2月	入木茉里&柄本時生	19年秋から交際
2020年 9月	丸山桂里奈&本並健治	20年に入ってから交際
2020年 9月	おのののか&塩浦慎理	20年に入ってから交際

表4 有名人に"スピード婚"が多い理由

（著者調べ）

した年齢や出演作品、インタビューで語っていた恋愛観まで。人によっては、恋愛遍歴も明らかになっているかもしれません。情報の正誤を判断する必要はありますが、基本的には、その人となりが色々と検索できてしまう。

これは、婚活市場におけるプロフィールの開示と同じこと。豊富な前情報が、関係の進展を早めているのです。

もう1つの理由は、瞬発力を伴うエネルギーを使っていた、ということです。あれだけ忙しい人たちが親密になるには、時間を作るために人一倍、エネルギーを使わなければなりません。

以前私が、地方で映画の撮影をしていた俳優さんをインタビューしていた時のこと。雑談をしている中で、共演していた男性俳優さんについて、こんな話を聞きました。

「彼、すごいんですよ。理由は知らないけれど、どんなに撮影が遅くなってもホテルには泊まらず、必ず東京に戻っていく。そして、朝は誰よりも早く現場に入るんです」

程なく、その男性俳優さんの〝スピード結婚〟を知らせるニュースが届きました。きっと彼は、当時まだ恋人だった奥さんのために、ハードな撮影スケジュールの合間を縫って、会いに戻っていたのでしょう。

実はこれ、私がいつも婚活市場の会員さんたちに言っていることなのです。

「〝忙しい〟を理由にしてはいけません。エネルギーを使わないと100日で結婚はできないのです。どんどん会って距離を縮めて、相手を深く知っていきましょう」

さらに、瞬発力を伴ったエネルギーが使える人たちというのは、同時に、「ここぞ」という時に素早く決断する力を持っていることが多い。なぜなら、瞬発力というものは長く続けていけるものではないからです。

それが最後、結婚を早めた3つめの理由となります。

例えば私のところでも、交際スタートから2週間で結婚を決めた、最短成婚カップルがいます。男性は埼玉県、女性は千葉県に住んでいたのですが、彼はデートの帰り、どんなに遅くなっても彼女を家まで送っていました。そして終電がなくなり、家に帰りつくことができない夜はビジネスホテルに泊まって、翌朝出勤していたそうです。

けれどそんな生活を、長くは続けられません。そこで彼は素早く結婚を決断したのです。

有名人で〝スピード婚〟をする人、そして、婚活市場で「100日結婚」ができる人。

彼らが早く結婚できるのは、まず前情報を持っているから。エネルギーを使えるから。

さらに、これぞという人に出会ったら、素早く結婚にハンドルを切る決断力があるから。

そんな共通点があるのです。

進展の早さとキスのタイミングは比例する?

ここで注意しておいていただきたいことがあります。恋愛経験の少ない男性にありがちなのですが……。結婚までの期間が短いと聞いて、こう考える方がいるかもしれません。

「おつきあいの進展が早いということは、キスやセックスも早くしていいということ?」

そうではありません。スキンシップについては、2章や3章で詳しくお話ししますが、女性は男性よりも気持ちが温まるのが遅いものです。左のグラフをご覧ください。

これは私が婚活市場で感じた、男女の愛の温度差を可視化したもの。「交際の進展」を横軸に、「愛の温度」を縦軸に取ったグラフです。

男性の場合は交際が進展していくにつれ、愛の温度は急上昇していきます。そして、セックスを頂点として急に温度は下がり、中盤で安定するのです。

一方、女性の愛の温度はゆっくりと、緩やかに上昇していく。それはセックスをした後も変わりません。むしろ、そこからさらに上がっていくのです。
それなのに、彼女との関係も育っていないなか、あなたが1人で焦ってしまったら？

「早く結婚を決めるには、スキンシップも早くしないといけませんよね。なんならセックスの相性も確かめておかないと！」

そうやって、性急に彼女に迫ったとしたらどうでしょうか？
お見合いであればたちどころに交際は中止。他の婚活市場であればその日のうちに、ＬＩＮＥがブロックされるはずです。

例えば、こんなケースがあります。ある日のこと、お見合いを終えた女性会員が、ウキウキしながら

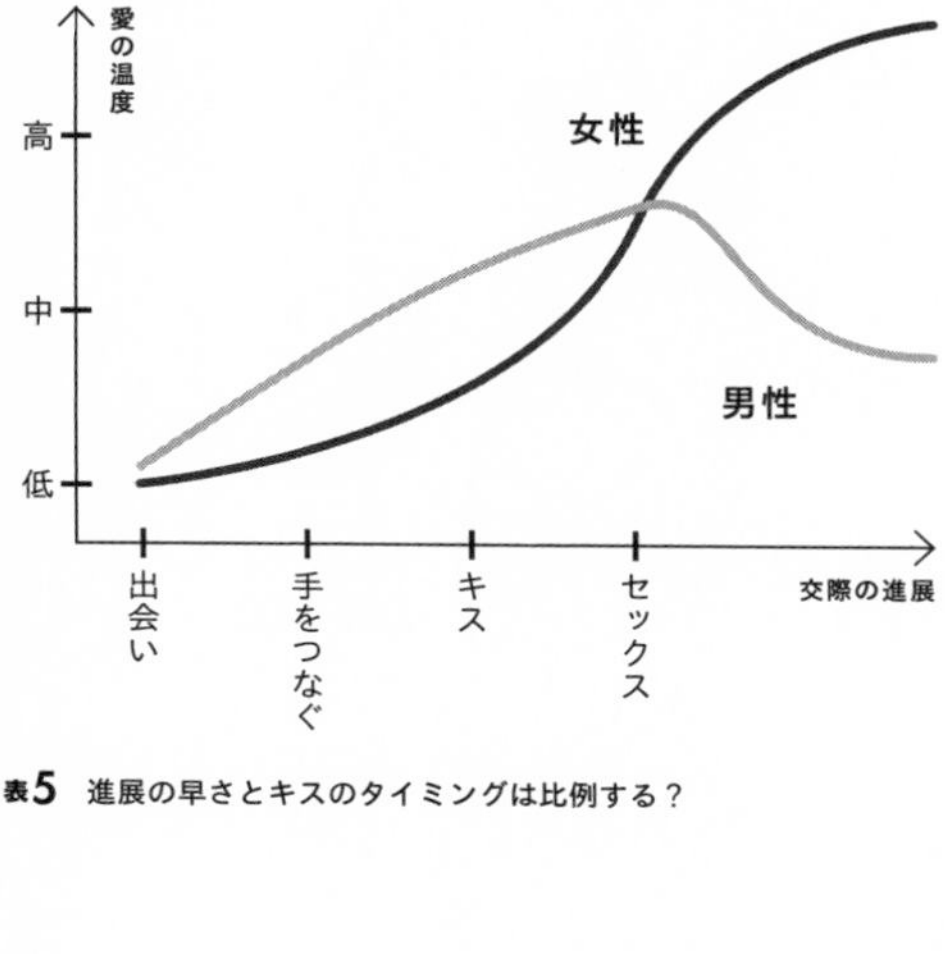

表5 進展の早さとキスのタイミングは比例する？

〝交際希望〟の電話をしてきました。

「今日の男性、すごく話しやすくて。今までお会いした方の中で、一番よかったです！」

実は彼女の名前はイニシャルがRで私と同じ。そして、彼もやはりRで始まる名前でした。そこで彼女は、こんなことまで言ったのです。

「鎌田れいもRで、私と彼もR。成婚退会の時、トリプルRで会えたらいいですよね！　なんて、気が早いかな（笑）。でも私、頑張ります！」

ずいぶんお相手が気に入ったのだな、と微笑ましく聞いていたのですが……。最初のデートから雲行きが怪しくなりました。その夜、彼女から電話が入ったのです。

「今日、1回目のデートだったんです。楽しくお食事して、2軒目のバーに行く途中、エレベーターに乗ったら、抱きしめられてキスされました。彼、どういうつもりでしょう？」

私は、急いでお相手の相談室に連絡を取り、抗議を申し入れました。

「彼女は彼のことが大好きですけれど、まだスキンシップできるほど、気持ちは温まっていません。彼女の歩調に合わせて少し待ってくれるように、彼に言ってもらえませんか？」

相談室に注意をされたのでしょう。2回目のデートは何事もなく、楽しく過ごせたようでしたが、3度目のデートでさらなる事件が起こりました。

「何もしないよ、紳士でいるから」と、カラオケでの密室デートに誘った彼。けれど、やはり途中で我慢できなくなり、彼女を抱きしめて強引にキスを迫ったのです。

彼女はその日のうちに、あれほど大好きだった彼との交際に終止符を打ちました。

生活圏内の恋愛だとしても、気持ちも確かめずスキンシップを図る男性を、本気で信頼する女性はいません。自分を軽く見ているのではないか？ 他の女性にも同じことをしているのではないか？ そんな気持ちになるからです。

ましてや、婚活市場は初対面での友達口調すら、「馴れ馴れしい」と考える女性がいます。

そんな場でキスを性急に迫る男性が成功するか失敗するかは、言うまでもありません。婚活市場で交際の進展が早いというのは、あくまで、その人となりを早く知ることができるから。そして見極めポイントが凝縮されているからに他なりません。キスやスキンシップをするまでが早いわけではないのです。

それらをしたければ、まずは関係を育ててから。そこはやはり、生活圏内の出会いと同じ。お相手の気持ちに寄り添うことが大切です。

〝100日〟の道中で乗り越えなければいけない、2大難所

〝100日〟のスケジュールにおいて、もちろんどの時点も気を抜いてほしくはありませんが、私が特に、乗り越えるのが難しいなと思うタイミングが2つあります。

まず1つ目は、第1タームで3回目のデートをするタイミング。

ここには、私が「飲食3回の法則」と呼ぶ、非常に大きな壁が立ちはだかっています。そこを突破するには、婚活市場なりの繊細なテクニックが必要となります。その方法は、2章で詳しくお伝えしていきましょう。

もう1つは、やはり第1タームなのですが、お見合いでいう、〝仮交際〟から〝真剣交際〟へと入るタイミングです。

〝真剣交際〟に入る際、女性はかなり慎重になります。そのため、まず何より、男性側で「この人！」と決めた女性が〝真剣交際〟に入ってくれるかどうかが重要です。

さらにこのタイミングでは、これまで複数のお相手と会っていたのを1人に絞らなければならない。それが、男性にとっては非常に大きな覚悟がいることなのです。

女性の場合、「絶対にこの人がいい」という思いから〝真剣交際〟に入ります。つまり、彼女にとっての「オンリーワン」を選んでいるのです。

ところが、男性の場合は選び方が違います。例えば3人とおつきあいしていたとすると、「残り2人も捨てがたい。だけど、まあ、この人なら結婚できそうかな？」という損得感情のようなところで、1人を選ぶのです。選ぶのは3人のうちの「ワン・オブ・ゼム」あるいは、「ナンバーワン」。残り2人にも、ちょっとした未練を残しています。

そのため男性の中には、〝真剣交際〟に入った後で、女性側から交際を終了されると、こんなことを言う方が多いのです。

「どうしてくれるんだ!?　僕は、他の女性たちを断って彼女を選んだのに！」

そんな彼らに私がかける言葉は、一つしかありません。

「そうね。でも、他の方たちをお断りして彼女を選んだのは、あなたなのですよ」

誰を選び、誰を切り捨てるのか。それは将来をも左右する選択になるのです。そんなタイミングが、難しくないわけがありません。

自分のスケジュールに、相手を強引に乗せない

ここまで聞いて「100日結婚」の概要はおわかりいただけたかと思います。

しかし、具体的なテクニックを習得する前に、皆さんにお伝えしたいことがあります。

それは、「100日結婚」のスケジュールは自分だけのものではなく、お相手がいるのだということを決して忘れないでほしいのです。

男性は女性よりも、スケジュールや段取りにこだわる性質があります。

例えば、〝仮交際〟の間は、とにかく彼女の気持ちを手に入れたくて、やたらと彼女の意見を受け入れます。

「住むところは実家の近くに家を買いたい？　うんうん、そうしよう」

「結婚したら仕事は辞めたい？　いいじゃないか、応援するよ！」

しかし、そこから〝真剣交際〟にステージが変わると、急に女性の意見に耳を貸さず、理論立てて自分の道筋に彼女を乗せようとしてしまう。

「住むところ？　今は買い時じゃないから、都下で賃貸を借りるべきじゃない？」

「仕事を辞める？　僕の収入だけじゃ難しくないかな？」

男性は現実的な話をしているだけ。けれど、女性はこんなことを考えるのです。

「どうしたのかしら、急に？　今までは私の意見を聞いてくれていたのに」
「これまではイーブンの関係だったのに。結婚したらもっと威張るんじゃないの？」

そこで騙されたような気持ちになった女性がついていけずに交際終了となるカップルを、私は何組も見てきました。

「100日結婚」をするなら、プランを立てることはとても大切。ですが、自分の立てたスケジュールに無理やり相手を乗せることはしないほうがいい。

先に言った「飲食3回の法則」を乗り越えたからと言って、絶対に交際終了が来ないわけではありません。

手をつないだから、キスをしたからと言って、絶対に結婚できるわけではないのです。

スケジュールを立てる時は、自分がどういう位置にいるのか、相手がちゃんとついてきているか、立ち止まって見てほしいのです。

「100日結婚」にスピード感は大切ですが、結婚の基本は、2人で作っていくものだというのを忘れないでくださいね。

目指せ100日結婚！

第1章 理解度チェックシート10

□「100日結婚」は、3つのタームに分けてスケジュールを立てる
□第1タームは、相手のプロフィールや人柄を吟味する期間である
□第2タームは、恋愛を楽しみつつ、信頼関係を育てることが大切である
□第3タームは、お金や住居など現実的な問題をすり合わせなければいけない
□生活圏内の出会いは結婚が目的ではないため、交際の進展がゆっくりである
□婚活の交際は、探りあい期間がなく恋愛中も人柄を見極めているため進展が早い
□相手にどれだけエネルギーを注入できるかも、結婚の早い遅いを決定づける
□婚活の交際の進展が早いというのは、早くキスをしていいということではない
□「100日結婚」の第一ターニングポイントは、出会って3回目のデート
□自分のスケジュールに、強引に相手を乗せることはできないと心得よ！

第2章

吟味の時期、第1タームで「注意すべきこと」

第1週の始まりは、デートの約束から始まる

さあ、いよいよ第1タームのスタートです。お相手を吟味する、〝仮交際〟のこの時期。最初の1週間は、何をするべきなのでしょうか。

まずは出会った当日、遅くとも翌日までには必ず、次に会うデートの日を決めてください。そのファーストコンタクトのツールは、お相手の希望に合わせたもので大丈夫です。ただ、最近はショートメールにしてほしいという方も多いのですが、私としては、確実にその場で約束を交せる電話がいいと思っています。

そこでは最初に、お会いできたことへのお礼を伝えます。

「今日（昨日）はありがとうございました。お会いできて、とても楽しかったです」

そして、聞き足りていなかったことなどを聞いていきましょう。

ちなみに、初めて会った時に彼女のことが気に入ったなら、食の好みを聞いておくといいでしょう。すると電話をした時に、自然な会話の流れで、デート場所が決められるのです。

例えば、彼女が「和食が好き」と言っていたとしましょう。

「そういえば、和食がお好きと言っていましたよね。お気に入りのお店はあるんですか？」
「実は、神楽坂に好きなお店があって。庭園がきれいで、美味しいのにリーズナブルで……」
「いいですね。ぜひお店の名前を教えてください。僕が調べて予約します」

こんな感じです。ところで、一つ、大切なポイントがあったのに気づきましたか？
答えは、お店を決める時に男性が〝自分が予約をする〟と言ったこと。もし女性側が知っているお店でも、決して予約を任せてはいけません。彼女に行きつけのお店がなかったとしても同じことです。

「それじゃあ僕が、どこか和食の美味しいお店を探しておきますね」

そう言って、自分で調べて予約をしてください。女性の多くは、最初にレストランの予約を任されただけでも、「この人はない」という烙印を押してしまうものですから。

ちなみに、最初のデートでのレストラン選びは、とにかく彼女の好みに合わせることです。いくらあなたがとびきり美味しいエスニックのお店を知っていて、彼女にその魅力を伝えたいとしても、それは今じゃないのです。

また、「何でも大丈夫です」と言われると、ホテルのレストランなどでコース料理を予約する方がいます。ゴージャスだから女性が喜びそうだし、オーダーにも頭を悩ませずに済む。何よりコース料理であれば、自動的に2時間一緒に過ごせるからです。

しかし、後で詳しく述べますが、婚活市場の〝仮交際〟では、食事代は基本的に男性もち。ごちそうしてもらう立場の女性は、なかなか食事を残すことができません。そのため、あまり空腹でもないのに無理やり料理を詰め込むことになれば、せっかくの高級料理が、逆にアダとなってしまいます。

やはり最初のデートでは、彼女からなんとか好きなお店や食の好みを聞き出すようにするほうがいいでしょう。

さらにこのファーストコンタクトでは、やるべき事がもう一つあります。

2人がまだLINEのIDなど、プライベートな連絡先を交換していなかったら、ここで確実に交換してください。

なぜなら今後毎日、相手に連絡を取らなければいけないからです。ツールとして私がおすすめしているのが、ＬＩＮＥやショートメール。これらはやりとりの履歴が一目で確認でき、非常に便利です。特にＬＩＮＥは文字数制限がなくビデオ通話などの機能も充実しているため、婚活中の方におすすめしたいツールです。

メールだと、彼女が言っていたことや、交わした約束など、「あのやりとりをしたのはいつだっけ？」と思い出しながら、いちいち開かなければ、履歴を遡れません。それが案外、手間なのです。

連絡は毎日のことだからこそ、ストレスのない方法を選びたいもの。何か一つでも面倒と感じる要素があると、それだけで連絡が億劫になってしまいます。

また、今後、〝仮交際〟で複数の女性と同時並行でおつきあいする際は、誰とどんなやりとりをしたかを確実に把握しておかなければいけません。そうしないと、本命の相手に他の人と話した内容を送ってしまうなど、とり返しのつかないミスを犯す危険があります。そうした管理もＬＩＮＥならばしやすいのです。

ところが、私の相談所の会員さんによると、プライベートの連絡先を交わそうとなると、たまにこんなことを言う方がいるそうです。

「私、電話はしたくないのでメールで連絡してください」

「個人情報のセキュリティが信用できないから、ＬＩＮＥはしたくありません」

もしかしたらこれは、相手と積極的に関わりたくないというサインかもしれません。

しかし、本心からそれを言っている人だとしたら？

この時代、通信ツールは様々ありますから、何を選ぶかはもちろん個人の自由。ですが、このような自分ルールを頑なに主張するお相手とは、なかなか交際がうまくいきません。

そういった女性は何かにつけて、自分ルールを主張してくる傾向があります。そのため、どうしても価値観のすり合わせに時間がかかり、交際の進展が遅くなるのです。

また、結婚というのはお互いに歩み寄り、相手のルールを受け入れながら、生活していくもの。それを自分のルールだけ押し付けようとする人とでは、結婚してからも苦労が続くということを覚えておいたほうがいいでしょう。

3日に1回より、1日1回のLINEのほうがラクな理由

連絡先を交換したら、お相手には、必ず毎日、LINEをしてください。1日1回、できれば2回。100日の間は、毎日です。このルールは絶対不変となります。

第1週に送るメッセージの内容は、他愛のないことで構いません。


「おはよう。今日も一日、頑張ろうね！」


あまり長くなく、相手が返事をしなければとプレッシャーを受けることもない。ただ自分の存在と、〝今日も君を想っています〟を知らせるだけでいいのです。

そんな些細なLINEなのに、なぜ毎日送る必要があるのでしょうか。

『ガイダンス』でもお話ししましたが、人間というのは忘却の生き物。連絡を取らなければ、お相手の中であなたの印象が、どんどん薄まってしまいます。

さらに彼女が同時進行で他の人と会っていた場合、毎日LINEが来る男性と、3日に1回しか来ない男性であれば、確実に後者が落とされていくのです。

また、毎日送るほうが逆にラクだということもあります。

「あまり毎日ＬＩＮＥをしたら、うるさく思われるかも。2〜3日に1回にしておこうか」

そんなふうに考えていると、用事もないのに今日はＬＩＮＥをしてもいいのだろうか、などと、逆に送るタイミングが、わからなくなってしまいます。

朝と夜に送るなど習慣づけてしまえば、むしろ気軽に送れるようになるはずです。


ここで、第1週から実践できる、結婚速度を速めるためのスペシャルテクニックをお伝えしましょう。

可能なら、この週の水曜日か木曜日、会社帰りに待ち合わせてお相手と食事に行ってください。会社や家が近いなどの条件が揃わなければ難しい方もいるかと思います。

ですが、週2ペースで会うカップルは、本当に早く結婚が決まります。週1では1ヶ月で4回しか会えないところを、1ヶ月で2ヶ月分、8回のデートができるのですから。

さらに、週の半ばにも会う時間を作り出そうと思い合えるのは、お互い前向きな気持ちの証拠。『第1章』でお話しした私の相談所の最短結婚カップルは、千葉県と埼玉県在住だったにもかかわらず、しっかり平日も時間を作り、週2ペースで会っていました。

言うまでもありませんが、平日に会えない場合は、必ず週末にデートをしてください。

第2週の質問メッセージは、シンプル・イズ・ベストで！

ここからは一般的なカップルに多い、〝週末にデート、週1ペースで会う〟ことを前提でお話を進めていきたいと思います。

第2週というのは、先週末に最初のデートを終えた次の週となります。

毎日の連絡は、第1週から継続です。そして、そのＬＩＮＥや電話であなたが演じるべきは〝徹底的な聞き役〟。とにかくお相手の話を聞くことに注力し、共感しましょう。

この週、男性は自分のことを知ってもらおうと情報を押し付けてはいけません。

恋愛マニュアルなどでもよく言われることですが、女性は、とにかくおしゃべりが大好き。それなのに男性が無理やり、自分の趣味の話を延々としてきたら、どうでしょうか。会話に焦るあまりつい、こんな流れになっていませんか？

「趣味は何ですか？　いや、僕は野球観戦が大好きなんですよ！　特に巨人を応援しているんですけど、ここしばらくはチームの調子がよくて。見ていて、本当に楽しいです！」

「……」

彼女も野球好き・巨人が好きならそんな話題振りもいいでしょう。けれど、まったく興味がない場合、そんな話は退屈なだけ。ですからこの週は、相手の負担にならない範囲で、質問メッセージを送るのもおすすめです。


「おはよう。昨日、好きだと言っていた俳優さんのドラマがありましたね。見ました?」

「こんばんは。今日は大事な会議がある日だと言っていましたよね。うまくいきましたか?」


このように、イエス・ノーで簡単に答えられる質問を送りましょう。

相手が「見ました」「うまくいきました」と一言で返すことができるように。逆にもっと聞いてほしい話があるなら、さらに感想など、話を重ねることができるように。要は、会話の量を相手が好きに調節できるよう、気遣ってあげてほしいのです。

相手に話を振り、先週末のデートの会話内容なども絡めながら、日常の様子を尋ね、興味に寄り添っていってください。すると、女性の気持ちはぐんぐん変化していきます。

それは、男性と女性の「好きになるきっかけ」の違いに起因しています。

男性というのは、女性の見た目が〝好き〟の70~80%を占めている。〝好みのタイプだから、彼女が好き〟なのです。

しかし、女性は違います。どんなに見た目が素敵でも、気持ちが寄り添える人でない限り、好きになることはありません。

つまりこの第2週では、自分のことをわかってもらおうとするより、相手に共感し寄り添うことで気持ちをつかんでいこう、というイメージで頑張るといいと思います。


心を開くまでの会話は、「敬語8：友達口調2」を忘れずに！


ところでこの第2週、男性には気をつけていただきたいことがあります。

先週末にデートをし、心の距離が近づいたからと、つい友達口調、いわゆる〝タメ口〟が増えてしまう方が多いのですが、婚活市場の出会いは、学生時代の合コンとは違います。友達口調になるのが早すぎる男性は嫌われる傾向にあります。この週はまだ、敬語8：友達口調2でいてください。

敬語から友達口調に変わる流れは、以下のようなペースが理想です。

最初の出会いでは、友達口調は厳禁。敬語、いわゆる〝ですます口調〟が基本。第1週のLINEや電話も同様です。

そこから1回目のデートでほんの少し、友達口調を交ぜていく。例えば、美味しいものを食べて、「これ、美味しいね！」と思わず友達口調になってしまった、というように。そして、その後はまた〝ですます口調〟に戻って話します。

第3週に入ったら友達口調を3割～5割とし、4週目では5割～7割に——。その辺りは、女性がどれだけ心を開いてくれているかを見極めながら、増やすようにしてください。

第3週の難関「飲食3回の法則」を乗り越える、2つの秘策

「100日結婚」の中では非常に重要で、最初の難関となる第3週を迎えました。

お見合いの世界には、「飲食3回の法則」なるものがあります。

お見合いの時のお茶、そして交際の段階に入った後のお食事2回。その飲食3回を済ませた後、4回目の逢瀬まですんなり行き着けるカップルは成婚の可能性が高くなるという、暗黙のルールのことです。

これは、婚活アプリなどでも同じです。交際3週目の週末に控える、4回目の逢瀬——。そこに行き着けるかどうかで、その後のおつきあいが進展するか、決まります。

しかし婚活市場の場合、1～2回食事をすると交際終了となり、何年活動してもひたす

らお見合いばかり繰り返している人の、なんと多いことか。

なぜ彼らは、4回目の逢瀬になかなかたどり着けないのでしょう？

そういった人は、初対面で〝可もなく不可もなく〟な印象を持たれているケースがほとんど。すると、女性は「まあ、もう一度会おうか」という気持ちになるのです。

そうして迎えた1回目の食事デートでは、男女共に探らなければならない情報も多く、一見、会話が弾んだようにも思えます。そのため、よほどひどい印象を持たない限り、「もう少し人となりを知りたい」と、デートを重ねようという気持ちになる。

しかし2回目の食事デートでは収集するべき情報も尽き、男性の会話術や食事のマナーなどが気になってくるのです。そこで男性の印象が微妙なままだと、「もうお見合いも含めて3回も会っているのに……」と思われ、4回目も会おう、とはならないのです。

では、その「飲食3回」を突破するにはどうすればいいのでしょう。

まず1つ目の作戦としておすすめなのが、間隔を空けずに会うということ。できれば平日も利用して、2週間の間に「飲食3回」を済ませてしまうのです。婚活市場の場合、2人のテンションが一番高いのは、出会った瞬間。その高いテンションが保たれている間に〝飲食3回〟を済ませて、4回目の逢瀬に突入しよう！というわけです。

また、恋愛経験が少ない男性の場合、「相手が忙しそうだから」「どう言って誘おうか」などクヨクヨ悩んで、次のデートに誘えないままとなってしまう人がいます。

そうして2~3週間後に会っても、すでに女性のテンションは下がりきっています。その状態で、会話が盛り上がるはずはなく、「また会いたいわ」とはならないのです。

2つ目の作戦は、ここでもか！ と思われるかもしれませんが、やはり、まめに連絡をすることに尽きます。まめに連絡をくれないと、男性の気持ちは見えません。

彼には、真剣におつきあいする気があるのか。あったとしても、数回デートをするだけで、これだけ長い時間がかかってしまうようでは、結婚に行き着くまでどれほど時間がかかるのか。真剣に結婚を考える女性ならば不安に思い、4回目の逢瀬前に交際終了を選択するのは当然のことなのです。

私の相談所にいた、男性会員の話をしましょう。

彼は36歳。身長も高く、容姿も悪くない。公務員で年収も高いため、お見合いの申し込みは引きも切らず、自分からお申し込みをしても大抵、受けていただけました。

けれど彼はいつも、2度目の食事の後にフラれてしまうのです。

そんなある日、彼が「交際は順調です」と報告してくれていた女性の相談所から、「交際終了」の連絡が来ました。


「この間は〝交際は順調です〟と言っていたのに、何があったの？」

「また誘おうと思っていたんですが、2回目の食事の時に彼女が〝今、すごく仕事が忙しい〟と言っていて。次の約束をいつ入れようか、タイミングを考えていたんですが……」

「連絡はちゃんと取っていたの？」

「10日くらいしていないです」

「それで放置していたら、交際終了になるに決まっているじゃないの！　次にお見合いして女性と交際に入ったら、毎日お相手に連絡してくださいね。そして、〝飲食3回の壁〟を越えなくちゃ。とにかく3ヶ月間が勝負なんですから、頑張りましょうよ」


彼の場合は、婚活市場で引く手数多のため、無意識に「この女性がダメでも次がある」という気持ちも働いていたのかもしれません。そのため、あまり積極的には動かない。

結婚したい気持ちはあるし、積極的に動けば結婚できるのに、いつも1～2度食事をすると、女性に連絡を入れなくなるので、お断りが来てしまっていたのです。

ちなみに、「飲食3回の法則」と言いましたが、この週までのデートは、遠出などは避け、2~3時間食事をした後で軽く飲みに行く、くらいのデートが無難です。まだ関係ができていないのに長時間過ごすとどうしても疲れるし、無言の時間が気になります。

すると女性は、こんなふうに考えるのです。

「なんだか疲れちゃった。彼と一緒にいると疲れるのかも」
「彼って、無言の時間が多い気がする。つまらない人なのかしら」

決してあなたのせいではないのに、そこでもう、気持ちが裏返ってしまいます。

3回目の食事を済ませるまでに、下の名前で呼び合おう

また、この週では、相手との距離を少し縮める意識を持つといいでしょう。先ほど言っていた、会話での友達口調を5割にすることもそうですし、まだ彼女を苗字で呼んでいるなら、下の名前で呼ぶようにすることも効果的です。

私としては、第1週のファーストコールで、名前の呼び方について話すのもいいかなと思います。例えば、女性の名前が〝綾瀬結衣さん〟だったとします。

「お互い、なんて呼び合いましょうか。綾瀬さん、下のお名前、結衣さんでしたよね。結衣さんって、いいお名前ですね」

そんなふうに、下の名前を連発することで、自然に呼び名を変えていくのも一つの手。ファーストコールが無理であれば、最初のデートで。そして遅くとも第3週、4回目の逢瀬前には、名前で呼び合うようにするのです。苗字が定着してしまうと、なかなか切り替えることが難しくなりますし、距離が縮まるのが遅くなってしまいます。

以前、お見合いを何度も繰り返していたものの、その後に出会ったお相手とは、あっという間に結婚を決めた女性会員がいました。彼女に、それまでお見合いしていた人たちと旦那さんとの交際の違いを尋ねたところ、こんなことを言っていました。

「夫とは、最初のデートでお互いに名前の呼び方を変えよう、と話せたのも大きかったように思います。うまくいかなかった方たちとは、2回目3回目のデートを終えても、まだ苗字で呼び合っていて。話していても、取引先との商談みたいな雰囲気でしたから」

ただし、ここで男性は気をつけてほしいのですが、自分の呼び名として、呼び捨て系を指定してはいけません。

女性からすると、初対面に近い男性を呼び捨てにするのは抵抗がありますし、女性慣れしていそう、品がないなと感じてしまいます。

相手の呼び捨ても、もちろんいけません。「結衣ちゃん」など、ちゃん付けにすら抵抗を感じる女性がいますから、お相手の反応をしっかり見るようにしてください。

さらに距離を縮める意味では、第3週あたりから自分の話をしていくのもいいと思います。心理学では「自己開示」と言うそうですが、自分のプライベートを話すことで相手も自身のことが話しやすくなる。そして、心の距離がグッと近づくのです。

とはいえここでも、自分の話を押し付けることは厳禁。女性に寄り添った上での自分の話がいいと思います。例えば、こんな感じです。

「私、実は野球女子なんです。野球観戦が趣味で、阪神ファンなんですよ」
「そうなんですね。実は僕、ベイスターズファンなんです！　そういえば、この間の阪神対ベイスターズ戦、すごかったですよね。今度、試合を観に行きましょうか？」

ここでは、女性が〝野球が好き〟と言っているのにいきなり、
「野球が好きなんですか。いやー、僕はバス釣りが趣味なんですけど、この間……」
などと、彼女の話題を打ち切って、自分の土俵に持っていくようなマネは、決してしないこと。自分の話をすると言っても、あくまで女性に共感しながら、女性が好きだというエピソードを拾い、そこに話題を重ねていくようにしてください。

軽いスキンシップで心の距離を近づける、第4週

「飲食3回の法則」の壁を越えた、4週目。無事に4度目の逢瀬を果たしたカップルは、うまくいく確率が高いです。

ここはさらに、お相手との距離を近づけることにエネルギーを注ぐべき週となります。

そこで、お相手の様子を見ながらではありますが、手をつなぐなどのスキンシップを取

ってみましょう。そうすることで、彼女の気持ちを確かめることもできるからです。

男性の場合、さほど好きではない女性でも、スキンシップをされて嫌な気持ちになることはあまりなく、むしろ嬉しいと感じる人も多いようです。

しかし女性は違います。圧倒的な好意を抱いている男性でない限り、スキンシップをされることは、嫌悪の対象でしかありません。そのため、男性から言われて手をつないだとしても、違和感があったり、やっぱり嫌だと思ったりすると、すぐに離そうとします。すぐに手を離されて、つなぎ直せる気配がなかったら、6〜7割の確率で、彼女とうまくいくのは難しいでしょう。多少の望みはあっても、かなり厳しい状況です。

けれど、厳しい状況だとわかったなら、それはそれでいいのです。なぜなら今はまだ、見極めのターム。見込みのない女性に時間をかけ続けるより、どんどん出会って、共に未来を描ける女性を探したほうがいいのですから。


ただ、恋愛経験が少ない男性の場合は特に、自然に手をつなぐのは、かなりハードルが高い行為だと思われます。

そこで私がおすすめしたいのは、「遊園地に行く」「ハイキングをする」など、エンターテイメント系のデートです。3回食事に行けたのですから、この週からは一緒に過ごす時間を多少長くしても、大丈夫。

遊園地であれば乗り物に乗る時に手を貸す、ハイキングなら川を渡る時に手を差し伸べるなど、健康的に触れ合う機会が持てます。わざわざ手をつなごうとしなくても、自然とスキンシップができるのです。

逆にエンターテイメント系デートといっても、ドライブやカラオケなど、密室系デートは避けたほうがいいでしょう。

知り合ってからの日が浅いため、ドライブはどうしても女性の警戒心が高まりがち。結果、必要以上に緊張して、むしろ心の距離が遠ざかる場合があります。さらに助手席に座って、やることのない女性は、あなたの行動を細かく観察してアラを探し始めます。

また、カラオケのような狭い密室にいると、必要以上に距離を詰めてしまう男性は多いもの。彼女が彼を気に入っていたら、そこで親密になることもあるでしょうが、大抵の場合、まだ2人の関係は育っていない状態。そのため、急に距離を詰めると嫌われる危険性があるのです。よほど自信があるなら行ってもいいかもしれませんが、第1タームでカラオケデートをしてダメになったカップルを、私は何組も見てきました。

ちなみに、スキンシップを取ることに自信がないという男性は、「荷物を持とうか?」と声がけするといいでしょう。それもスキンシップに近い見極めができるはず。心を許している男性でなければ、女性は決して自分の荷物を相手に預けないからです。

5週目は、自分のテリトリーに彼女を連れて行こう

5週目に入りました。先週末のデートでちょっとしたスキンシップもできていれば、そろそろ彼女の気持ちも温まりかけている頃です。

真剣交際に入る前、ここで一度、あなたの周りの人たちに彼女を紹介してみるといいと思います。親に会わせるなど重い感じではなく、あくまで軽くです。

学生時代の友達に会わせるのもいいし、知り合いのバーに連れて行くのもあり。

1人暮らしの男性ならば、よく行く定食屋さん——カウンターで女将さん1人がやっているような小さなお店——に、「彼女と来ました」と連れて行くのもいいでしょう。

友達や〝行きつけのお店の女将さん〟は、いくら親しくても、その後家族になるような関係性ではありません。そのため、紹介されても女性が負担に思わないからです。

そういった人たちに会ってもらうのは、彼らから、客観的に見た彼女の印象などを聞く

ことが大きな目的なのですが、実はもう一つメリットがあります。

それは、今の彼女のあなたに対する気持ちを見極められるということ。あなたの友達や行きつけの店というのは、いわばあなたのテリトリー。誰かのテリトリーに誘われるというのは緊張も伴いますが、それが好きな相手であれば、とても嬉しいことですし、そうでない場合は、負担でしかありません。

喜んで来てくれたなら、あなたを気に入っていると考えて大丈夫。あまり気乗りしない様子なら、そこまで心を開いていないか、進展を望むのは難しいということです。


第6週、〝真剣交際〟の相談は男友達にしないこと！


第1タームもとうとう6週目を迎えました。真剣交際に入る前、最後の週。これまでおつきあいしてきた彼女との結婚を本気で考えていいのか。もしも複数の女性とおつきあいをしてきたなら、どの女性を選べばいいのか。

ここは男性にとって、第3週に続く、大きなターニングポイントとなります。

口を開けば愚痴ばかりで、時間などお構いなく、泣きの電話を入れてくる女性。

ごちそうしてもらうことが当たり前で、男性が「ここは僕が」という前から「ごちそうさま」と言って、お財布を出すそぶりさえ見せない女性。

男性が自分のわがままを聞いてくれるのに甘え、「今度好きなアーティストのコンサートがあるんだけど、チケットがほしくて……」とおねだりをしてくる女性。

これはどれも、私のところの男性会員が実際に出会った女性たち。聞いているこちらが、思わず眉をひそめてしまうようなエピソードばかりです。

そんな女性と結婚して幸せになれるかなんて、火を見るよりも明らか。しかし、どれほど私が止めても聞き入れず、真剣交際に入ろうとする男性が、とても多いのです。

それはただひたすら、彼女にかけてきた時間とお金が惜しいから。

自分が積み上げてきた努力が惜しくて、女性に対して違和感を覚えていたとしても、手放せなくなってしまうのです。

しかし、そんな目先の損得感情をぐっと堪え、男性は冷静になるべきです。そして、彼女が本当に結婚相手としてふさわしいのか、今一度見極めなければいけません。

結婚相談所で婚活をしている男性であれば、仲人に相談をするのも一つの手です。客観的に意見を述べてくれますから。

それ以外の婚活市場で活動している方なら、高校時代や大学時代の恩師、もしくは行きつけのバーのマスターなど、何の利害関係もなく、信頼できる方たちに相談をしてください。状況を冷静に判断し、しかもあなたのためを思ったアドバイスをくれるはずです。

逆に、どの市場においても決して相談してはいけないのが、男友達。特に、同年代で同じように婚活をしている男性は絶対に避けてください。

というのも、同じように婚活をしている独身男性というのは、あなたにライバル心を燃やしますし、絶対に自分より早く結婚してほしくないのです。さらに自分の婚活がうまくいっていなければ、いいアドバイスなどくれるはずがありませんから。

また、結婚した男友達に相談する場合も注意が必要。というのは、競争意識が働くからなのか、変にマウントを取ろうとすることがあるからです。

「自分は先に結婚しているから、立場が上」という意識で接してきて、知ったかぶりで余計な知識を植えつけようとするのです。

以前、私の相談所にいた男性会員にもやはり、既婚の男友達に、婚活の相談をした方がいました。恋愛経験の乏しい彼に、既婚男性はこんなアドバイスをしたのです。

「おまえ、全然、恋愛経験がないだろう？　結婚するならやっぱり、キスやセックスの相性を確かめておかなくちゃ。次のデートで絶対キスするべきだって」

結果、彼はせっかくいいおつきあいができていたのに、まだ関係が育ちきらないうちに強引にキスを迫ったため、あえなく交際は終了となりました。

よく、〝女性は嫉妬深い〟などと言われますが、私からすれば、〝男の嫉妬〟もかなりのもの。マウント気質、競争意識も厄介だと思います。

〝真剣交際〟へ進む決め手は「僕を大事にしてくれる人」

本気で真剣交際に入ろうと覚悟を決めたなら、あなたにはやるべきことがあります。同時並行でつきあっていた複数の女性との関係を全て、断たなければいけないのです。

「よし！　真剣交際に入ろう！」

そう決意したとしても、頭の片隅に「でも、他の女性を切り捨てるのは惜しいな」などという思いが少しでもあるならば、真剣交際に入ることはやめましょう。この先、その後悔が消えることはありません。

ですが、ここは婚活の場。もしもお相手が「結婚を前提に、真剣に交際しませんか？」と言ってくださっているのなら、あなたの都合で相手の時間を無駄にすることはできません。待たせても1週間が限度。できるだけ早く決断を下しましょう。

それでも悩んで答えが出せないという男性には、私はいつも、こう問いかけます。

「結婚したら、誰が一番、あなたを大切にしてくれると思いますか？」

以前、43歳の男性会員が、36歳、38歳、41歳という、3人の女性と交際していました。36歳はかわいいタイプ、38歳は美人タイプ、そして41歳は地味なタイプの女性でした。

彼は入会相談の時、こんなことを言っていたのです。

「お相手への条件？　僕は面食いなんですよ。あとは、絶対に子どもがほしいから、できるだけ若い女性と結婚したいですね」

ところが彼が最終的に選んだのは、なんと、41歳の女性だったのです。

理由はこうでした。

デートで彼が食事をごちそうしようとすると、41歳の彼女だけは、必ず半額払おうとしてくれた。いつも笑顔で、話を聞いてくれた。

そしてある日、彼が「仕事がすごく忙しくて、とても疲れた」と愚痴をこぼしたら、次のデートで、疲れに効くアロマオイルを持ってきて、ハンドマッサージをしてくれたそうです。それが本当に気持ちよく、優しさが心に染みたと、彼は嬉しそうに話していました。

「僕はこれまで、子どもがほしいからと年齢にこだわったり、女性の見た目ばかりを気にしていました。でも、結婚ってそういうことじゃないですよね。彼女なら、僕をずっと大事にしてくれる。結婚するならこの人だ。心からそう思えたんです」

男性の場合、見た目や年齢など女性の条件を気にする方も多いです。けれど、長い人生を寄り添っていくと考えた時に、自分にとって一番居心地のいい人を見つけたほうがいい。一番自分を大切にしてくれる人を選んだほうがいい。私は、そう考えています。

ところで、お相手の女性に〝真剣交際〟を申し込む時は、はっきりした言葉で、気持ちを伝えてあげてください。

「ここまでデートをしてきて、僕は君のことがすごく好きだし、いいなと思っている。よかったら、ここでもう一段ステージを上げて、ちゃんと結婚のことを考えたいんだ」

これくらい言わなければ、あなたの本気は伝わりませんし、女性が〝真剣交際〟を決心することもできません。逆に、これくらい言う覚悟がないならば、第1タームで関係を終わらせたほうがいいでしょう。

基本的な身元情報は、最初のデートまでに伝える

第1週から6週まで、それぞれの週における注意事項を挙げてきました。それらは、あなたがどの婚活市場で活動していようと共通のアドバイスとなります。

しかし、活動場所が結婚相談所や相談所主催の婚活パーティ以外である場合、〝仮交際〟が始まったのに、まだお相手に基本情報を伝えていない人がいるかもしれません。

お見合いの場合は、プロフィールなどで以下のような基本情報を最初に提出し、トラブルを防いでいます。

- **出身都道府県**
- **家族構成（長男であるか、など含む）**
- **いずれは実家へ戻る必要があるか**
- **仕事の内容（転勤があるか、など含む）**
- **年収**

もしもあなたが出会った時に、右のような情報をお相手に開示していないなら、最初のデートまでに伝えたほうがいいでしょう。

ただ、年収は特にプライバシー性の高い情報であり、尚且つその額が低い場合、会って間もない女性に開示するのは抵抗がある方もいると思います。そんな時は、正確な金額を伝える必要はありません。このように伝えておきましょう。

「僕の年収は、それほど高くありません。だから、デートでそんなに豪華なところは行けないと思うし、結婚してからもパートナーには働いてもらえたらと思っています」

具体的な額は言わずに、自分の身の丈だけを素直に伝える。そして女性の反応を見ればいいのです。希望条件に合わないからと、離れて行く女性もいるでしょうし、それでもあなたがいい、と寄り添ってくれる女性もいるでしょう。

しかし、ダメになっても、それはそこまでのご縁だったということです。卑屈になる必要は全くありません。結婚相談所のお見合いだって、条件が合わなければ、交際には至らないのです。それと同じことですから。

むしろ、基本情報を隠して彼女と交際を続けていたら、無駄なお金を使うところだった、とプラスに捉えてください。

婚活市場で、男性が食事代を持つ理由

ところで第1週の時に少しお話しした、〝仮交際の間は男性がごちそうする〟ということについて。私は男性会員と時々、こんな会話を交わすことがあります。

「婚活市場のデートでは、やっぱり男性がごちそうするべきでしょうか？」

「そうね。真剣交際に入るまでは、ごちそうしてあげてください」

今時、男性がおごるなんて古い、と思われる方がいるかもしれません。しかし、婚活市場ではこれが暗黙の了解事項です。

男性の中には、「おごる人」「割り勘にする人」「女子割にする人」、3タイプがいます。大抵の女性は、1円でもお金を出したら、〝私はお金を出した〟という認識になります。するとそれがマイナスポイントとして働く時があるのです。例えばランチ代3200円を払う段になり、あなたがお財布を探ったとします。

「あれっ？　細かいのがないな。ごめん、200円持ってる？」

それだけで彼女の中では、あなたへの不信感が渦巻くのです。

「200円だけでも、私に払わせようと思ったのかしら。もしや彼って……ケチ？」

「女子割」も合コンであれば、有効ですが、1対1のお食事では全くの無効。

もし、あなたのお相手が同時並行で複数の男性と会っていたとしたら、先の3つのタイプから、どの男性を選ぶでしょうか？

現金なことではありますが、「女子割」をする好みの男性と、「おごる」けどイマイチな男性であれば、前者が勝利します。

しかし、全くの同一条件だった場合、やはり勝つのは「おごる人」。であれば、稼げるところで一つでも、勝利のポイントを稼いでおいたほうがいいと、私は思うのです。

ただ、ここで誤解しないでいただきたいのですが、おごると言っても、頑張って高いお店に行く必要はありません。ファストフードの牛丼屋でもラーメン屋でもいいのです。

あくまでも、「女性にごちそうした」という事実が大切なのですから。

「信じられない！　牛丼屋に連れて行くなんて！」

ごちそうしてもらってそう言う女性がいたなら、その女性の結婚相手は、あなたではありません。彼女は、もっと年収が高い男性と結婚すればいいのです。

「ごちそうしてくれてありがとう。牛丼、美味しいね！」

そう感謝しながら、一緒にご飯を食べてくれる女性が、あなたにふさわしい相手。そして、そちらの女性のほうが、人としてはるかに魅力を感じさせるはずです。

そうです。女性にごちそうする理由は、勝利のポイントを稼げるからだけではありません。彼女の価値観と人柄を見極める手立てにもなるのです。

同時進行の交際事情は、女性に隠し通すこと

第1タームは〝仮交際〟の段階。あなたは複数の女性と同時並行でおつきあいをしているかもしれません。その場合は、本命だけではなく、全員に対して「100日結婚」テクニックを実践してください。

そんなお話をすると、こんなことを言う方がいます。

「何人もと同時におつきあいすることに、罪悪感を覚えてしまって……」

忘れないでください。ここは婚活市場です。あなたたちは恋愛をしようとしているわけではありません。結婚相手となる女性たちの人柄を見極めているのです。

この期間、お相手の存在は、いわゆる友達と同じ感覚。どんどん会って、自分に一番合う人を探す必要があります。そう割り切らなければいけません。

とはいえもちろん、友達と手をつないだりキスはしませんから、〝仮交際〟でその段階まで進んだなら、女性を裏切っている気持ちになることは、理解できます。

しかし逆にいえば、お相手とそのような段階にまで進み、裏切った気持ちになるほど心

をつかまれているなら、もう〝真剣交際〟に入る段階に来ているのではありませんか？

また、私の経験からすると、罪悪感を抱くのは恋愛経験が少ない方、性格のいい方が多いです。しかしそういう方の場合、お相手から探りを入れられた時、その誠実さゆえに、つい実情を話して、本命との交際が終了になってしまうケースがあります。

私の相談所にいる、30歳の男性会員もその1人でした。

彼は、本命である32歳の女性のほか、年下で29歳、28歳の女性2人とも交際していました。本命女性とは、そろそろ真剣交際を考えようかというところでしたが、今はまだ〝仮交際〟の段階。彼はもう少し他の2人とも会ってみたいと、デートを重ねていました。

けれど32歳の女性は、どうしても自分が年上であるということが気になっていたのでしょう。しきりと彼に尋ねてきたそうです。

「私以外にもおつきあいされている方がいますよね？　それって、年下の女性ですか？」

もちろん、彼は否定していました。けれど、何度も聞かれるうちに嘘をついている罪悪感に耐えられなくなり、とうとう言ってしまったのです。

「実は……。今、年下の女性2人ともおつきあいをしています」

彼にとってその答えは、彼女に対する誠実さの証でした。しかしその夜、彼女から届いたのは、無情にも「交際終了」のお知らせでした。本命だったはずの女性は、年下ともおつきあいをしているなら自分に勝ち目はないと考え、早々に気持ちを切り替えたのです。

そう電話で伝えたところ、彼は思わず言葉を詰まらせていました。そして、次に会った時にこう言ったのです。

「恥ずかしい話ですが、交際終了を知らされたあの日、電話を切った後に涙がこぼれてきました」

同時並行の交際については決して、他の方に伝えてはいけません。

これは結婚生活においても同じですが、全てを話すからいい夫婦関係が成り立つわけではないのです。人を傷つけないための優しい嘘、というものが世の中には存在します。

その優しい嘘をつくことで人間関係が円満になることもあるのです。
少なくとも婚活市場においては、複数女性と交際を同時進行していても「おつきあいしている人はあなた以外にいません」と言い切ること。その優しい嘘が正解となります。

婚活は仕事と同じと考え、スケジュールをねじ込んでいく

第1タームについてお話ししてきましたが、私が何よりお伝えしたいのは、こちらです。
とにかくお相手と連絡を取り、そしてどんどん会わないと！ ということ。
どんなに仕事が忙しくても、婚活している時には、婚活のための時間を作り出す。でなければ、時間が無駄になるばかりです。

「でも僕は、本当に仕事が忙しくて、なかなか会えないんですよ」

そう言う方に、私は言いたいのです。

「でも、忙しくても食事は取りますよね？」

本気で結婚するつもりがあるなら、その時間を婚活に回してください。デートが週末である必要はありません。平日の夜だっていいのです。

これはアプリで婚活していた女性の話ですが……。彼女はマスコミ系のお仕事で非常に忙しく、仕事が終わるのはいつも深夜。それでも、どうしても早く結婚をしたかった彼女は、デートに条件をつけました。

「私の会社の近く、新宿で仕事が終わった後、25時からデートができる方を希望します」

その結果、彼女は、同じように仕事が忙しくて早い時間には帰れない、音楽業界で働く男性と出会いました。そして25時からのデートを繰り返し、2ヶ月で結婚を決めたのです。

忙しい人の場合、婚活も仕事のタスクと同じだと考え、スケジュールをねじ込まなければいけません。考えてみてください。仕事で大切なクライアントに会わなければならず、

「時間は何時でもいいけれど、どうしてもこの日でなければダメだ」と言われたら、なんとか時間を作るのではありませんか？

それでも、あなたが忙しくて、お相手に会う時間を作れないと言うのであれば、今は、婚活をすべき時ではないのです。「100日で結婚を決めたい」と言うのなら、そこで決めるためにも、エネルギーを婚活に集中させなければいけません。

それを忘れずに、第1タームを終えていただければと思います。

目指せ100日結婚！

第2章 理解度チェックシート15

- □ 第1週、出会った翌日までに次のデートの約束をする
- □ 第2週は、話の聞き役に徹して女性の話にとにかく共感する
- □ 第3週の「飲食3回の法則」の壁は週2デートで乗り越える
- □ 第4週に軽いスキンシップを試み、心の距離を近づける
- □ 第5週から友達に会わせ、客観的な意見を聞いてみる
- □ 第6週で〝真剣交際〟に入る時は「自分を大事にしてくれる人」を選ぶ
- □ 基本的な身元情報は、最初のデートまでに必ず相手に開示する
- □ デート場所のレストランは、男性が予約をする
- □ 〝仮交際〟の間は、安い店でいいから男性がごちそうする

□ 出会いは敬語10割がマスト。4週目くらいまでは敬語の割合多めで話す
□ 3回目のデートまでには下の名前で呼び合う習慣をつける
□ 同時進行で複数女性と交際していても、そのことは決して言わない
□ 真剣交際に入る時は、必ずきちんと交際宣言をする
□ 何があっても、LINEは毎日する
□ 週2ペースで会うと、結婚までの距離がぐんと短くなる

第3章

「デート三昧が正解!」の第2タームは、とにかく恋を楽しむ

〝一緒に何かを作るデート〟は、相手の素顔が見える

さあ、第2タームに進みましょう。

ここから始まる〝真剣交際〟は、生活圏内の出会いでいうところの、〝おつきあい〟と同じ。思いきり恋愛を楽しむ期間となります。

とはいえ、ここは婚活市場。デートの合間にもきちんと、彼女の人柄や価値観をチェックし、結婚相手としてふさわしいかを見極めなければなりません。

さらに、このタームでは、条件面だけでなく恋愛面においても、〝1人の男として〟、お相手の気持ちをつかんでいきましょう。

しかし、婚活市場に出て間もない、あるいは恋愛経験が非常に少ない男性であれば、久しぶり（もしくは初めて）のデート体験に舞い上がってしまうはず。「何を見極めればいいのか」「恋愛で相手の気持ちをどうつかむか」なんて見当もつかないに違いありません。

そこでこの章では、おつきあいをスムーズに進めていくためのアドバイスや、見極めるべきポイントの確認などをしていきたいと思います。

まず次の質問は、〝真剣交際〟に進んだ男性会員から、時々聞かれる質問です。

「ここからのデートでは、彼女をどんなところに連れて行くといいでしょう？」

第2タームで私がおすすめしたいのは、2人で何かを一緒に作り上げる、または達成感を味わえるようなデートです。

〝一緒に何かを作り上げる〟デートというのは、旅先でよくある、お皿の絵付け体験のようなイメージ。もちろん、そこまで本気で物づくりをするものでなくても大丈夫です。例えば横浜にある「カップヌードルミュージアム　横浜」のように、ごく簡単な物づくりでもいいのです。2人でワイワイと何かを作り上げる。そして出来上がったところでまた、感想を言って笑いあう――。そんなふうに楽しんでください。

既に成婚退会をした女性会員も以前、〝真剣交際〟中に印象深かったデートを尋ねたところ、「彼と行ったランプ作り体験が、とてもよかった」と言っていました。〝達成感を味わえる〟意味では、登山やスタンプラリーをデートに組み込むのもいいと思います。

時間をかけて何かを作り上げたり、登山で頂上を目指したり。心理学的にも、一緒に同じ作業をすることで、親近感を抱いてもらえる効果も狙えます。

また、その過程では相手の素顔を、より知ることができるのも利点です。

例えば、お皿の絵付け体験に行ったとしましょう。

いつもはおしとやかで楚々《そそ》とした彼女が、絵を描くことにすぐ飽き、最後は適当に仕上げていたら、「実はガサツな子なのかな」と思いませんか?

逆に、いつも大声で笑っていて元気な印象の彼女が、線一本はみ出さないよう真剣に描いていたらどうでしょう。「真面目な子なんだな」と見る目がガラリと変わるはずです。

デート中の沈黙は、相手が話すまで待てばいい

ただ、そのようなデートをするとなれば、一緒にいる時間も長くなります。すると、こんな悩みを持ち始める方がいるのです。

「僕は女性と話すのが本当に苦手なんです。沈黙が続くと不安になって、ついつい、どうでもいい話をしてしまう。つまらない男だと思われているかもしれません」

まず、沈黙に怯えてはいけません。営業マンが読むようなクロージング(クライアントと契約を結ぶこと）のテクニック本にはよく、こんなことが書いてあります。「沈黙が怖くて、焦って話し続ける営業マンは、非常に成績が悪い」と。

なぜなら、相手が沈黙しているのは何か考えている証拠。それを邪魔すると、相手は考えることをやめてしまい、決定を先延ばしにしてしまうのです。その結果、「もう少し考えようかな」となり、契約が結べなくなってしまう。

また、口数が多い人は余裕がないように見えて、信頼を得にくい傾向もあります。

恋愛も同じ。一緒にいる時に沈黙が訪れたら逆に、「相手は何を話してくれるんだろう？」と待てるくらい、余裕を持ちましょう。焦って話し続けていたら、「おしゃべりな人だな」とうるさく思われるのがおち。さらにおしゃべりが過ぎる男性は、落ち着かない印象を与えるため、ダブルで評価を落としてしまいます。

ただ、会話に限ったことではないのですが……。

「恋愛経験がないから、うまくエスコートできずに嫌われないだろうか？」

そんなふうに考えるのは、マイナスです。男性が自信なさそうにしていたり、下手《したて》に出ていたりすると、一緒にいる女性は居心地がよくありません。
好きな人とであれば、どんなことでも楽しい思い出になっていく。それが恋愛です。
私の相談所から成婚退会していった女性会員も以前、〝真剣交際〟直前だった彼とのデートについて、楽しそうに話していたことがありました。

「この間、彼と初めて手をつなぎました。ここだけの話、彼はたぶん、女性とおつきあいするのは、私が初めてだと思うんです。
彼がすごく緊張しながら〝手をつないでも、いいですか⁉〟って言うので、私が〝はい〟って右手を出したら……。なんと彼が出してきたのも、右手！ 手をつなぐつもりが私たち、握手していたんです（笑）。思わず彼のこと、かわいい！ と思っちゃいました」

手をつなぐはずが、握手になってしまった――。そんな出来事があったら、女性によっては、こんなふうに思うかもしれません。

「いい年をして満足に手をつないだ経験もない男性なんて、気持ち悪い……」

しかし、女性会員は彼にまつわる愛おしいエピソードとして、この話を語ったのです。それはひとえに、彼女が彼を好きだから。

女性もあなたの人柄を見て〝真剣交際〟に入っているのですから、気持ちはある。だから、〝真剣交際〟に入ったら無理や知ったかぶりをせず、自然なあなたでいればいいのです。彼女は、そんなあなたが好きで、おつきあいしているのですから。

男女交際において「嫌う」「嫌われない」は、大きな原因でもない限り、相性の問題です。ですから、頑張ったにもかかわらずフラれても、自己否定をしてはいけません。

「彼女とはご縁がなかった。自分は悪いわけじゃない」

そう思うようにしてください。

〝親に会わせる〟のは「あなたを気に入っている」から

それでもお相手の気持ちが気になるという方は、『第6章』でお話ししている「女性のサイン」「言葉の本音」を参考にしてください。気持ちが楽になるでしょう。

また、第2タームに入ると、女性側が自分の友達や家族に会わせようとするケースが増えていきます。私はこれも、「交際に対する真剣度の表れ」「交際が安定しているサイン」と考えています。

もちろん、親への依存心が強すぎるという問題や、最近よく聞く、毒親問題もありますから、彼女の親子関係を見極めるのも大切です。

しかし婚活市場の場合、大抵の女性は、〝真剣交際〟に入った相手を、既に結婚相手として見ているもの。結婚を真剣に考えていればいるほど、親に会わせたいと考えます。

私の相談所の男性会員にも、こんな方がいました。

彼がおつきあいしていたのは、ピアノ教室の先生。その彼女がある日、発表会に招待してくれたそうです。彼が花束を持って駆けつけると、なんとそこにはお母様の姿が！

何も聞いていなかった彼は驚きながら、そして緊張しながらも、「結婚を前提に、お嬢さんとおつきあいさせていただいています」とご挨拶したのだとか。

別の男性会員はドライブの帰りに彼女を送っていたら、こんな話になったそうです。

「里芋、好き？」

「里芋？　うん、好きだよ」

「実は今朝、ご近所からたくさん里芋をいただいたの。うちでは食べきれないから、よかったら少し持って行かない？」

「いいの？　ありがとう！」

そして彼女の家まで来ると——。なんと玄関の前で、お母様が里芋を持って立っていた。寝耳に水の対面であったため、彼はドキドキしながらご挨拶をしたそうです。
その後、彼らはその女性たちと成婚退会していったのですが、お母様と突然の対面を果たした翌日は、2人とも私に笑いながら報告していました。

「いやー、お母さんに挨拶させられたのって……僕、仕組まれちゃいましたよね（笑）」


確かに彼女たちは、男性が自然に親と会えるよう、作戦を立てたのかもしれません。

しかし、それをしたのは、男性ともっと深く関わりたいという心の表れです。

『第2章』でも触れましたが、親や兄弟、友達に会わせるのは、自分のテリトリーに相手が立ち入る許可を出したということ。結婚に向けて、大きな一歩となるサインです。

婚活市場のスキンシップは、〝どこまで〟が正解？

先ほど、〝手をつなぐ〟エピソードを紹介しましたが、ここでは、関係を深めるためや、お相手との居心地を見極めるためのスキンシップについてお話ししようと思います。

結婚相談所では、遊び目的の人が入会することを防ぐため、成婚退会までキスやセックスは規約上禁止しています。

私は、他の婚活市場で活動している方も、そういった関係を持つことに慎重であるほうがいいと考えています。遊び目的の人を排除する意味もありますが、関係を持つと、相手を結婚相手として見た時に、冷静に判断できなくなる恐れがあるからです。

しかしスキンシップには、取るほどに2人の仲が深まっていくという側面もありますし、お互いの居心地を確認するために必要な手段でもあります。そのため、一概に「絶対にいけない」とは言えないのが、難しいところ。

また、おつきあいが進んでいけば、触れ合いたいという気持ちが募ることも、理解できるのです。現に、交際の進度や関係性にもよりますが、私の経験からすると成婚退会していった大半のカップルは、キスやお泊まりデートくらいはしていたように感じますから。

結局、婚活市場でもやはり、自己責任・大人の判断、ということなのでしょう。

実は先日、1人の女性会員と話をしていて、第2タームではそういった面での見極めも必要なのだろうか、と思う出来事がありました。


彼女は38歳。年齢のことも考え、プロフィールには「子どもは持たないことを希望する」と出していました。

そこへお見合いの申し込みをしてきたのが、3つ年下で35歳の男性。少々おとなしいタイプでしたが、彼女は優しい彼にひかれて、2人は〝真剣交際〟に入りました。

そんなある日、彼女は彼から旅行に誘われたのです。旅行に行けば、一歩関係を深めることになるはず。彼女は彼に夢中だったため、迷わず了承し、楽しみにしていました。

ところが――。旅行自体は楽しかったものの、彼が男女の関係を求めることはありませんでした。悲しくなった彼女は、帰り道で尋ねたそうです。

「どうして昨夜、何もしなかったの？　私に魅力がなかったから？」

　すると彼は、真顔で答えました。

「僕は、そういう行為をするのは好きじゃない。君は、プロフィールに〝子どもはいらない〟って書いていたよね？　だから君と結婚しようと思ったんだ」

「でも、セックスって子作りのためだけにする行為じゃないわ。お互いの愛を確かめるコミュニケーションでもあると思う」

　しかし、その言葉は彼に響くことはなく、話は平行線のまま。彼女は悩んだ末、交際を終了する決断を下しました。

〝キスがうまい〟ことより〝デートが楽しい〟ことが重要

　スキンシップやキス、セックスと聞くと、恋愛経験が少ない男性の場合、不安になってしまうことも多いようです。

「経験がないのに、うまくできるだろうか？」

「彼女との相性はどうだろうか？」

ここで思い出してほしいことがあります。

私は『第2章』で、既婚の男友達による「結婚前に相性を確かめろ」というアドバイスを真に受け実践しようとし、交際終了となった男性のお話をしました。

あれは実は、特異なアドバイスではありません。男性向け雑誌からモテ塾まで、あらゆる恋愛指南で、まことしやかに語られているアドバイスです。

しかし、ここではっきり言っておきましょう。

女性からしてみれば、そういった相性やテクニックは、100%関係がありません。

女性誌でライターをしていた私は仕事柄、数多の女性と会い、話を聞く機会がありました。そして、そんな話になるたび有名人一般人問わず、女性はみんな言っていました。

「男の人って、相性やテクニックを気にするけど、そんなのどうでもいいのに。その人が好きなら女性はそれだけで気持ちがいい。それがなぜわからないのかしら?」

恋愛経験が少なくても、それを卑屈に思う必要はありません。逆に、妙な情報に惑わされ、余計な知識を増やすことで、失敗するケースもあるのです。

うまくキスができるか心配するくらいなら、女性の心をつかむ努力をしてください。彼女と真剣に向き合い、真摯に接する。そして一緒に恋愛を楽しんで、「この人といると本当に楽しい」と、彼女に思わせてください。女性にとってスキンシップは、「上手だから気持ちいい」のではありません。「好きだから気持ちいい」のです。

さらに言えば、まず〝相手の居心地〟を確かめるためのスキンシップが、キスやセックスである必要はありません。例えば手をつないだり、ハグをした時、あなたは彼女にどんな気持ちを抱くでしょう？　そして彼女の反応は？

お互いに相手をもっと愛しく感じ、温かな気持ちになるのか。違和感を覚えて、すぐに離れたくなるのか。

そんなところからお互いの居心地や気持ちを確認してみてください。そして、その温かな感触でもっと関係を深めていけたなら、それほど素敵なことはありません。

〝足立区の賃貸マンション〟が、シンデレラの〝カボチャ〟になった

関係を深めていくべき第2タームでは、実はもう一つ深めておいてほしいものがあります。それは、信頼関係です。

次の第3タームは結婚に向けて、現実的な問題のすり合わせをしていきます。特に重要なのが、お金の話。しかし、お金の話は非常にデリケートで、第2タームで信頼関係を築いておかなければ、しっかり話すことができないのです。

また、第3タームでいきなりその話を始めるのも得策ではありません。今の時期からそれとなく、相手の金銭的な価値観をチェックし、すり合わせを図っておくことも大切です。

ただし、金銭的な価値観は、デートをしているだけでも、自ずと見えてくるケースが多いようです。私の相談所にも、こんなカップルがいました。

男性の年収は1000万円超え、女性の年収は400万円ほど。

その年収額には大きな開きがありましたが、男性の考えは、「働かざるもの、食うべからず」。その信念に則り、彼はデートで完璧な割り勘を貫いていました。

正直、それだけの年収格差があると、割り勘デートに女性側が不満を抱き、交際終了になるケースがほとんどです。しかし、彼女は全く気にしませんでした。

「自分が食べたものは自分で払う。それって、当たり前じゃないですか？」

「僕たちは、すごく価値観が合っていると思います」

そう言って、彼は大喜びしていました。ところが……。

実は彼女の唯一の趣味は、美味しい物を食べること。ファッションやメイクにお金をかけるくらいなら、高い食事や美味しいお酒を楽しみたい！　というタイプだったのです。

そのため、デートはいつも彼女の希望で、いいお店に行っていたそうです。しかし、そんな状況に彼はだんだんとイライラし始め、ついには大喧嘩となってしまいました。

「飲食にお金を使い過ぎだよ！　もっと身の程を知ったほうがいいと思うな。君の年収だったら、もっと安いお店に行くべきだろう！」

「私たち、完全に割り勘にしているわよね？　自分のお金で食べたり飲んだりしているんだから、あなたにそんなことを言われる筋合いはないと思う！」

〝価値観が合って〟いたはずの2人は、あっという間に交際終了を迎えてしまいました。

デートにおける価値観のすり合わせで失敗したカップルの話は、まだあります。


私の相談所に、投資会社に勤める38歳の男性会員がいます。彼は高収入で条件もいいのですが、若い女性ばかりに希望を出すため、なかなか結婚が決まりませんでした。

しかしそんな中、彼の前に現れたのは25歳の女性。容姿もかわいらしく性格も穏やか。

お見合いの段階で、彼はすっかり気に入ってしまいました。

そして話は進み、彼は彼女と念願の〝真剣交際〟へ。若い彼女にいいところを見せたかったのでしょう。彼はいつもゴージャスなデートを演出していたそうです。

食事は銀座のレストランで。道すがら宝石店を見つければ、入っていく。

「指輪はどんなデザインが好み？　婚約指輪の予算は、１００万円くらいでいいかな？」

趣味がピアノと聞けば、高級楽器店で何百万もするピアノの試弾を勧める。

「いい音だね。結婚したら、このピアノで練習するといいんじゃない？」

「彼は私の願いを何でも叶えてくれる！」と、彼女はシンデレラ気分だったことでしょう。

実際に彼は高収入ですから、ある程度レベルの高い生活をさせてあげることはできたはず。

しかし、そのデートはあまりにも夢見心地が過ぎました。

結婚の話が煮詰まったある日、彼女から結婚後の新居を見に行こうと誘われた彼。

それは港区にある、超高級一軒家。しかし実は、彼は自分の地元・足立区にある賃貸のタワーマンションで新生活を始めようと考えていたのです。そこで彼女に言いました。

「この家はすごくいいと思うけど……。どうだろう、今の時代、不動産は買い時じゃないと思うんだ。まずは僕の地元に手頃なタワーマンションがあるから、最初はそこに賃貸で住んで不動産の買い時を待とうよ」

程なく、彼は「彼女と連絡が取りづらくなった」とこぼし始め、そこから日を経ずして先方から交際終了のお知らせが入りました。彼女は、ひどく憤慨していたそうです。

「最初に美味しい話をして、結局は、自分の地元で親の近くに呼び寄せようとしていただけなんでしょう！」

足立区が悪いわけではありません。賃貸マンションが悪いわけでもありません。彼にしてみれば、「家を買うのは、今じゃない」。ただそれだけ。そのように現実みを伴った価値観のすり合わせを、少しずつでもしておけばよかったのです。

しかし彼女にとって、それは魔法が解けた瞬間だったのでしょう。お城まで自分を運んでくれる豪華な馬車が、カボチャになったことを意味していました。

人の〝金銭的な価値観〟は様々です。お互い歩み寄れなければ、結婚はできません。どちらのケースも誰が悪いわけではなく、価値観の違いで終わりを迎えてしまった。歩み寄れないカップルは遅かれ早かれ、違う道を選ぶ運命にあるのです。

ケチな男性が、レストランで披露しがちなウンチク話

「デートを通して金銭感覚・価値観が見えてくる」のは、お相手だけではありません。あなたのほうも、お相手に見られていることを忘れないでください。

ここで一つ、動かしがたい事実をお伝えしましょう。

女性は、ケチが嫌いです。

身も蓋もありませんが、この事実から目を逸らしてはいけません。

ですから何はさておき、男性は女性の前でお金の話をしないでください。そのせいでダメになったカップルの例は、枚挙に暇がないのです。

ケチはデートをしているだけで、すぐに見抜かれてしまいます。例えば、一緒に行ったイタリアンレストランで、メニューを開いた途端にこんな話をしてしまうからです。

「ここのパスタは1500円か。コンビニで買ったら500円だよね」

私の相談所の女性会員が一緒にイタリアンレストランへ行った男性も、メニューを開くなり、こんな話を始めたそうです。

「ねえ、パスタの原価って知ってる？　150円くらいなんだよ。それで、こっちのハンバーグはいくらかって言うと、添えてあるポテトや野菜込みで500円くらいかな。パスタとハンバーグが同じ値段なら……ハンバーグを頼んだほうがお得だよね」


男性はそういったウンチク話が大好きです。もしかしたらその男性も、インテリジェンスに富んだ会話、彼女を楽しませるトリビアネタのつもりで話したのかもしれません。

しかし、そのトリビアがメニューの原価ネタである必要は、全くないのです。

また、ケチにまつわるクレームで女性会員からよく上がってくるのが、以下のパターン。女性よりも圧倒的にお酒を飲んだり食べたりする量が多かったにもかかわらず、男性が割り勘を言いだした——というものです。

それを言った男性たちの言い訳は、様々です。

「きちんと仕事をし、経済的に自立している彼女を尊重したい。僕は彼女と、対等でありたいんです」

「ずっと僕がごちそうしていると、逆に彼女が気を遣ってしまうかなと思って」

『第2章』でお話ししましたが、私は男性会員に「〝真剣交際〟に入るまでは、女性にごちそうするように」と、伝えています。しかし〝真剣交際〟に入ったら、そこは2人のさじ加減。ある程度割り勘にしたデートもいいでしょう。

男性の経済的な負担を軽くする意味もありますが、そうすることで、お互いの金銭的な価値観やお金の使い方がよく見えるようになるからです。

とはいえ、やはり割り勘を求めすぎると、ケチの烙印を押されてしまう。特に年収の高い男性の場合はそう思われる確率が高いので、気をつけたほうがいいと思います。

ただ、「ケチになるなかれ」は、「女性にごちそうし続けよ」という意味ではありません。むしろ、自分の経済状況も考えずに大盤振る舞いするような男性は、結婚相手として考えることが難しい。

ない袖は振れないし、身の丈は知っておかなければいけません。

しかし、出せるお金があるのに出し惜しむ、出すべきお金を渋る、必要以上にお金や損得に固執した発言を繰り返す。そんな男性が、女性の目に魅力的に映ると思いますか？

だから、〝ケチは嫌われる〟のです。

「出した出さない」問題を解決する、〝デート財布〟

しかし実際問題、〝真剣交際〟に入ってからもずっと女性にごちそうし続けるのは、経済的に難しい方もいらっしゃるでしょう。

20～30代の男性や、年収がそれ程高くない男性が〝真剣交際〟に入った時、私が提案しているアイデアの一つに、「デート財布」があります。

これは毎月のデート予算を決めて、その「デート財布」に、男女が年収比率に従ってお金を入れていくというもの。

例えば、男性の年収が700万円で女性の年収が400万円の場合。デート予算が4万円だとしたら、おおよその比率で男性が2万5千円、女性が1万5千円を出し、トータル4万円のお財布を作るのです。そこからデート代を出せば、男女共に、お金を出した出さないでモヤモヤすることがなくなり、スッキリとデートを楽しめます。

5～6年前は、交際中は男性がおごり続けるのが、婚活市場の常識でした。けれど時代は変わり、今の女性は割り勘でも気にしない方がたくさんいます。

無理をしてごちそうし続けるより、自分の身の丈にあったデートを提案すればいいのです。それで女性が離れていくなら、それまでのご縁。あなたのせいではありません。

とはいえ正直、40代以上の男性や、ある程度収入があるならば、〝真剣交際〟でも女性にごちそうしてあげるほうが、印象はいいかと思います。真剣交際は残り約2ヶ月。その期間だけ頑張ればいいのですから。

お金の使い方は人間性の映し鏡で、育ってきた環境までが透けて見えるものです。


「今日はお給料日だから、お父さん、ごちそうしちゃうぞ!」


そんなご家庭で育ってきた男性は、女性にごちそうすることに抵抗のない方が多いです。逆に、お母様がすごくお金に厳しかった、経済的に苦労したというご家庭で育った男性は、割り勘前提でのおつきあいをされる方が多い傾向にあります。

人それぞれで価値観は違うのですから、どちらがいい、悪いはありません。そこにしっかり歩み寄ってくれる女性を見つけることが大切なのです。

お金の問題は、結婚と切っても切り離せない、とても大切な問題です。

デートを楽しみながらも第3タームのために、しっかり見極めるようにしてください。

無理をしなければ一緒にいられないのは、〝結婚相手〟ではない

第2タームについて色々とお話ししてきました。デートを楽しみながらも、スキンシップのことを考えたり、お金の価値観を見極めたり……。その過程で、相手の知らなかった一面が見えてくることもあるでしょう。

その一面がイヤだった場合は、どうすればいいと思いますか？

私は、キッパリと未練を断ち切り、次のお相手を探すべきだと思います。

けれど『第2章』でもお話ししましたが、男性の場合は、積み上げてきたものが大きければ大きいほど手放すのを惜しがります。

真剣交際に入ると2ヶ月近く会ってきているわけですから、彼女にかけてきたお金や時間も増えている。しかも、その2ヶ月には、楽しい思い出もたくさん詰まっているのです。

100日達成まではあと少し。自分さえ我慢すれば、結婚まで行き着けるはず――。

そんな思いが邪魔をして、違和感や不満を抱きながらも彼女を手放せず、我慢して苦しんでしまうのです。私がお世話をしてきた男性会員の中にも、「そこまで我慢をしなくていいのよ」と、何度もアドバイスさせていただいた方が、たくさんいました。

ある33歳の男性会員は、こんな不満を語っていました。

「とにかく彼女は、お金を出さないんです。もちろん、僕がごちそうすることは構いません。だけどいつも、ありがとうの一言もないから、だんだんイライラするようになりました。

この間も彼女とドライブの途中、コンビニで飲み物を買うことになったんです。

その日もやっぱり、彼女は財布すら出そうとしなかった。モヤモヤした僕は、少し意地悪な気持ちになってしまって。お互い飲み物を取った後、わざとレジで別々に並んだんです。

そうしたら彼女が、チラチラこっちを見ている。それで僕のほうが早く順番が来たので、もう全部めんどうになって、〝こっちで一緒に払うよ〟と言ったんです。

彼女がすごく嬉しそうな笑顔で〝はい！〟って飲み物を渡してきて、さっさと車に戻って行く姿を見たら、いっそうモヤモヤしましたよ。

でも、一緒にいると楽しいこともあるし、僕は早く結婚がしたいから。そこは我慢をするしかないですよね」

東京からだいぶ離れた地方に住む、40代の男性会員も、〝真剣交際〟中の女性に不満を募らせていた1人です。

彼は資産家の息子で非常に裕福でしたが、なかなかご縁に恵まれず、歳を重ねてしまっていました。そんな彼が私の相談所で出会ったのは、30代の女性。お見合いで意気投合した2人は、〝仮交際〟からすんなり〝真剣交際〟へと入っていったのです。

交際中、彼は遠い地元から彼女に会うため、2〜3週間に一度は上京。デートの費用は全て彼持ちで、彼女を地元に招待した時も旅行代金は全て、彼が負担したそうです。

そしてとんとん拍子で、両家の顔合わせまで済ませたのですが……。

その頃からなぜか、彼女のテンションが下がり始めました。コロナの影響で緊急事態宣言の時期に入り、会うことが難しくなるとさらに雲行きは怪しくなったのです。

不安になった彼は、ことあるごとに私に相談をしてきましたが、その様子を聞くにつけ、私は彼に「彼女との結婚は難しいと思う」とアドバイスをしました。

しかし彼はどうしても彼女を諦められず、あろうことか、私に黙って彼女にダイヤの指輪をプレゼントしてしまったのです。その指輪を受け取って一言、彼女は言ったそうです。

「まずい……」

どんなにごちそうをしても感謝すらしない女性。そして、心を込めて贈った指輪を前に

「まずい」と口走った女性。

そんな女性たちとおつきあいしていた男性2人は、どちらも成婚には至らず、婚約直前で破局を迎えました。前者は自分から、後者はお相手からの交際終了宣言で。

交際中の女性に対して違和感や不満があるのに、それを飲み込んで我慢をしている人たちは、一度立ち止まって考えましょう。

「この人を逃したら次はないかもしれない」

「彼女は他に、いっぱいいいところもあるから」

そんな気持ちになるなら、もう少し頑張ってもいいのかもしれません。しかし、その頑張りは、本当に必要なのでしょうか。

私はよく、会員の皆さんにこんなことを言います。

「婚活は一時のこと、結婚は一生のこと」

あなたが探しているのは、一生一緒にいる結婚相手です。もしも交際中の女性に疑問が湧いたのなら、ダラダラと一緒にいてはいけません。〝仮交際〟の第1タームなら言うまでもなく、〝真剣交際〟に入った第2タームであっても、です。

たった1ヶ月の恋愛すら楽しめない人と、長い一生を幸せに暮らせますか？

恋愛を楽しむはずの第2タームですでに不快感を覚えているならば、現実問題をすり合わせていく第3タームでは、さらに不快なトラブルが起きることでしょう。そうなってから彼女を手放すとなれば、さらに辛いエンディングが、あなたを待っています。

第2タームで迷いを持ったなら、1日でも早い諦めが肝心。いろいろな意味で居心地がよく、あなたにぴったりの女性と第3タームへ進んでください。

目指せ100日結婚！

第3章 理解度チェックシート15

□ 〝一緒に何か作り上げる〟〝達成感を味わえる〟デートがおすすめ

□ デート中、沈黙の時間があっても慌てて話し出さない

□ 相手も自分を気に入って〝真剣交際〟に入っていることを忘れない

□ 女性が親に会わせるのは〝あなたと結婚したいです〟という気持ちの表れ

□ スキンシップすることで相手の居心地を確かめることができる

□ スキンシップに「相性」や「テクニック」は必要ない

□ 第2タームで信頼関係を深めれば、お金の話がスムーズにできる

□ デートを通して、相手の価値観を探るべし

□ 女性は、〝ケチな男性〟を最も嫌う

□女性の前でやたらとお金の話をすることは避ける
□割り勘デートをすることで、相手のお金の使い方が見える場合がある
□経済的に余裕がある場合は、割り勘デートに固執しない
□経済的に厳しい場合は「デート財布」を提案してみる
□「あと少しだけ我慢」をしなければいけない相手とは、成婚に至るのが難しい
□彼女のためにかけてきた、〝お金〟と〝時間〟に執着しない

第4章

運命の第3ターム、勝因のカギは「ズレがないか?」

〝怒る人〟と一緒に生活しても、疲弊するだけ

「100日結婚」も、ラストスパート。最後の第3タームに突入しました。

ここは結婚へ向けて、2人が最終的なすり合わせをする時期。これまで交際してきた相手と、本当に結婚してやっていけるのかを現実的に見極めていきます。

この章では、プロポーズをするまでに、どのような流れで自分の思考を整理し、相手と何をすり合わせていけばいいのか。そんなお話をしていきたいと思います。

結婚というのは、ずっと同じ相手と一緒に過ごすことになるのですから、やはりまずは、お相手の人柄・性格的なところから整理していきましょう。

私は常々、会員に〝お相手を選ぶ時に、忘れてはいけないこと〟をお伝えしています。

「必要以上に怒る人を選ばないでください。

相手の立場に立って考えることができない人も、いけません」

まず、〝怒る人〟について。怒りやすい性質などと聞くと、男性をイメージすることが多いかもしれませんが、女性にも怒りやすい人、いわゆる〝キレやすい人〟が存在します。

一度怒り出すと、自分でも止められなくなり、怒りの感情が増幅していきます。

先日、相談所から退所していった30代女性もやはり、〝怒る人〟でした。

私の相談所では、お見合いサイトにプロフィールを登録する際、職業と勤務地を登録することになっています。

仮に彼女の場合、それが「金融業・東京都千代田区」だったことにしておきましょう。

すると、そのプロフィールを見た彼女は激怒し、私にメールを書いてよこしました。

「千代田区で金融業と書いたら、私の会社や個人情報が特定されてしまうかもしれないじゃないですか！　結婚相談所は、個人情報に対して最も慎重であるべきところなのに、一体何をやっているんですか!?」

その一通では到底、怒りが収まらなかったのでしょう。私がお返事を書いている間にも続々と、彼女からの怒りのメールが届きました。

「個人情報漏洩をどう考えているんですか？」

「御社はどのように責任を取るおつもりですか？」

ここでやっと、私は彼女にお返事を送ることができました。

「お気持ちを害されたのなら、申し訳ないことでした。プロフィールは書き直しましょう。ですが、千代田区にはあなたがお勤めになっている会社のほか、たくさんの金融系企業が存在しています。銀行で言えば、3大メガバンクの本店・支店もありますし、地方銀行の支店もあります。証券会社も、外資系から日系企業まで数えきれないくらいあるのです。そこからあなたのお勤め先を特定するのは、難しいことだと思いますよ」

すると彼女からはたった一言、吐き捨てるような返信がありました。

「話になりませんね!」

その後、なんとか気を取り直して婚活をスタートした彼女でしたが、一事が万事、その調子でしたので、やむなく退所していただく運びとなりました。

不快なトラブルが起きた時や、誰かがミスをしたせいで自分に迷惑がかかった時に、いくら腹を立てたとしても、「まあ、そういうこともあるのかもしれない」と、ある程度のところで怒りの矛を収められないのは、やはり問題です。

そういった方を結婚相手として選ぶことは、絶対に避けるべきだと私は考えています。

理由は単純。〝怒る人〟と一緒にいると、確実に疲弊するからです。

想像してください。

仕事から帰った時に、パートナーがいつも怒ってばかりいたら、どうでしょうか？

曰く、洗濯に出した靴下が裏返しのままだった。曰く、燃えるゴミにペットボトルが交じっていた──。理由は、些細なことばかり。それをずっと責め立てられるのです。

〝怒る人〟というのは、自分の物差しだけで測った正論を展開します。いかに自分が正しいかを主張し、「どうして私を怒らせるの？」と、人のせいにします。

さらに〝怒る人〟の特徴として「人の欠点を見つけるのがうまい」ということがあります。だからこそ腹が立つのでしょうが、すぐにイライラされ、よくないところを指摘されてばかりでは、一緒にいる人は萎縮し傷つくばかりです。

また、彼女たちには〝悪口が大好物〟という面もあります。そのため、結婚したら毎日、会社の同僚からご近所の方、挙げ句はあなたの両親に至るまで、その悪口を聞くはめになるはずです。それも覚悟しておいたほうがいいでしょう。

人が結婚をする最大の目的は幸せになることのはずなのに、〝怒る人〟と一緒にいたら、そんな初歩的な目的すら達成できなくなってしまうのです。

遅刻した時の対応で、その人となりが全て見える

では、〝相手の立場に立って考えることができない人〟はどうでしょう。

第2タームが終わるまでずっと向かい合ってきた、お相手の様子を思い出してください。何かトラブルがあった時、自分の都合だけを考えるのではなく、相手の状況にも思いを馳せることができる――。あなたがおつきあいしているのは、そんな女性ですか？

例えば交際中に遅刻をした時など、その人間性が垣間見えることがあります。

お店で待ち合わせをしている時、「5分遅れます。先に何か頼んでいてください」と連絡が来るのであれば、あまり苦になることはないかと思います。

しかし、その連絡を入れるタイミングや連絡事項によっては、相手に大きな我慢を強いるケースもあるのです。

先日、38歳の男性から交際終了の希望があったのですが、その原因は彼女の〝遅刻〟にありました。

その日、彼は〝真剣交際〟中の彼女と食事をするため、19時に駅で待ち合わせをしていたそうです。するとその10分前に、彼女から連絡がきました。

「ごめんなさい。仕事が終わらないから、少しだけ遅れます」

彼は戸惑いました。少しって、どれくらいだろう。5分？　10分？　しかも、彼女の職場から待ち合わせ場所に来るまで、30分はかかるのです。結局彼は、19時40分頃には来るのだろうと見当をつけ、返事をしました。

「わかりました。待っています」

そして約束から1時間が経過した20時過ぎに彼女から再度、メールが届きました。

「ごめんなさい。どうしても仕事が終わらないので、やっぱり今日は行けません」

仕事上のアポイントメントやお見合いであれば遅刻は厳禁ですが、デートというのは完全なプライベート。気が緩み、多少遅れてしまうこともあるでしょう。それは、2人がお互いに許せる範囲であれば、いいと思います。

むしろ私は、会員に対してこう言っているくらいですから。

「遅刻に厳しすぎる人は、全てにおいて他人に厳しい傾向にあるの。だから、結婚すると少し窮屈かもしれません」

しかし、このケースはどう考えてもルール違反。待たされる人の立場を全く考えることができていません。遅刻に厳しい人が万事に厳しいのと同様、待たせている相手の状況を慮《おもんぱか》れない人もやはり、あらゆる面において思いやりを欠いた行動を取るはずです。

そのため一緒にいると、あなたばかりが我慢を強いられることになります。

人の性格というものは、決して直りません。

先ほどもお話ししたような〝怒る人〟は、死ぬまで怒り続けます。

また、男性会員からよく聞く女性の困った性質に、「小さな嘘を何度もつく」「すぐ自己否定に入って、いつも〝どうせ〟と言っている」「すぐに泣きだす」などがありますが、そういった性質も永遠に直りません。

自分が直してあげよう、などという考えは持たないことです。その性格が許せるのか、否か。それに尽きます。性格上の気になるポイントは、人によって様々だと思います。例えば、「彼女は何かあるとすぐ泣くけど、優しいところもあるから好き」とか、「彼女は嘘をつく時もあるけど、愛嬌があってかわいいから許せる」など。

100%素晴らしい人間なんていないのですから、あなたが許せるならいいのです。

しかし、無理やり目をつぶっていると自分でも自覚しているなら、結婚は見送りましょう。それはいずれ、修復不可能なほどの大問題に発展する可能性が高いのです。

“パートナーに全てを話す”ことが正解ではない

お相手の人柄が整理できたら、次はあなた自身の胸の内を整理してください。

お相手に何か打ち明けていないことがあり、それが胸の内で、小さなささくれとして引っかかっているのなら——。それはもう吐き出してしまいましょう。

この第3タームは、それを打ち明け、相手に受け入れてもらえるかどうかを問える、最後のチャンスなのです。

婚活市場にいる方たちが自分のプロフィールとして、なかなかお相手に打ち明けにくい事柄というものがあります。

私がよく相談を受ける内容としては、宗教。そして病歴などです。

正直こういった事柄は、それこそ第1タームで、早めに打ち明けたほうがいい。

しかし、お互いの気持ちが育つ前に話すのと育ってから話すのとでは、結果が違ってくる場合があります。そのため、一概に「早いほうがいい」とは言えません。

そもそも、「打ち明けておきたい」と相談をいただく事柄によっては、本当にその必要があるのだろうか、と思うものもあります。

例えば、病歴。もちろん、今も病を患って服薬しているなどの場合は、健康管理の問題や、子どもを持つタイミングといった話に絡んでくるため、遅くとも第3タームの間には話しておくほうがいいと思います。

けれど、今は病が完治し服薬していない、目に見えるような治療の痕跡がない場合など、私は言わなくてもいいと考えています。

それでも、黙っていることが苦しく罪悪感があるというのなら、伝えればいいでしょう。

ただし、宗教に関しては、宗派によって食べられない食材がある、厳しい戒律があるなど、生活と密接に関わるケースがあります。また、家にその宗教特有の神棚や仏壇があるなら、結婚してから隠し通すことも不可能です。

そのため、できるだけ早めにお話しして、お相手の同意を得るほうがいいかもしれません。特に、お相手にも同じ宗教に入信してほしい場合は、育って来た環境により見解が異なるため、尚更早くお話しするべきでしょう。

このような問題に、絶対の正解はありません。あなたとお相手、どちらも無理なく最も心地よくいられる信頼関係を育てていければいいと思います。

年収と貯金額を明らかにしてから、〝お金の話〟を始める

お相手の人柄と自分の胸の内の整理がついたら、具体的なすり合わせに入ります。

第3タームですり合わせておくべき主な事項は、以下の3つです。

①お金の話（将来設計や家計の管理について）
②仕事の話（特に女性の働き方について。家事の分担を含む）
③住居の話（男性の場合、実家の跡取り問題なども含む）

何度もお話ししてきましたが、この中で最も重要なことは、〝**①お金の話**〟。

金銭的な価値観やお金の使い方については、第2タームまでで、ある程度見極めがついたことでしょう。

ここからはさらに一歩踏み込み、理想の生活を実現するには、どれくらいお金がかかるのか。また、そのお金は、どちらがどれくらい負担するのか。そういったことを話し合っていかなければいけないのです。

まず、結婚相談所以外の婚活市場で活動しており、第1タームで年収の額を明確にしていなかったカップルについては、お互いにその額を明らかにしてください。

貯金額についてもある程度、把握しておいたほうがいいでしょう。

「年収ならともかく、貯金額まで確認するんですか⁉」

驚きの声が聞こえてきそうですが、これには理由があります。貯金額を通して、お相手の知られざる浪費癖が見えてくることがあるからです。

結婚相談所の場合、仲人経由で貯金額を確認することが可能です。私も以前、30代後半の男性会員について貯金額の確認依頼があり、本人に尋ねたことがありました。

彼は大手企業に勤めており、年収は700万円ほど。年齢も年齢ですし、実家暮らしでもあったため、ある程度の額は貯金していて、しかるべき。しかし、彼の貯金額は100万円もありませんでした。

驚いて問いただすと、なんと彼は、大の海外旅行好き。おまけに人にごちそうするのが大好きで、あればあるだけお金を使ってしまう性格だったのです。

結婚相談所以外の市場で活動している方なら、聞きづらい時は、こんなふうに聞けばいいと思います。

「ねえ、もし今、家を買うとしたら、どれくらい頭金が出せる？」

するとと彼女は答えるはずです。

「貯金がほとんどないから、あまりお役に立てないかもしれないわ」

「〇百万円くらいまでなら、出せると思う」

そこから、ある程度の貯金額を予想することができるでしょう。

カップルの〝理想〟により、生活の必要経費は変わる

お互いの年収、貯金額がざっくりとでも明らかになったら、具体的なライフプラン設計や家計の予算編成を始めます。

ここで一度、新婚夫婦1ヶ月あたりの生活費平均額を見てみましょう。

次のページの表は、リクルートブライダル総研調べ「ゼクシィ　新生活準備調査2016」内「第11章　新生活のマネープラン：生活費の状況」にあったデータをまとめた結果となります。

これは日本全体の平均額であるため、首都圏に住む方であれば、もう少し高い金額になると思いますが、今はこちらの結果を参考にしてお話を進めていきたいと思います。

アンケートの結果によると単純計算で、少なくとも年間約300万円弱の生活費が必要となります。ただしこれはあくまで、最小限の〝基本生活費〟。

東京の中心地でアーバンライフを楽しみたいのか、郊外で伸び伸び暮らしたいのか、男性の実家に同居するのか、2人で新居を構えるのかなどで、生活費は異なります。子どもを持つことを選択するなら、将来のための貯金額も増やすべきでしょう。

さらに、「旅行が趣味で年に1回は海外旅行に行きたい」というカップルなら、その旅行代金も捻出しなければいけません。

つまりポイントは、2人がどんな生活を送りたいかということ。それによって、生活に必要な額が全く変わってくるということなのです。

もちろん、自分たちの収入以上の支出があるような生活はできません。持てるお金の中からいくら出せば、理想の生活に近づけていくことができるか。削るべき無駄な予算はないか、補強すべき予算がないか。

1ヶ月あたりの生活費平均
約22万円

各部門平均額

住居費	7.9万円
食費	4.1万円
光熱費・通信費	2.2万円
保険料	2.2万円
被服・理容費	1.6万円
交際費、趣味・レジャー費	2.6万円
その他の生活費	2.9万円

表6 カップルの“理想”により、生活の必要経費は変わる

「ゼクシィ 新生活準備調査 2016」内「第11章　新生活のマネープラン：生活費の状況」（リクルートブライダル総研調べ）
https://souken.zexy.net/data/trend2016/XY_ML16_report.pdf

当座の生活費だけに捉われず、将来のことまで見越して、しっかり話し合って計画を立てましょう。

生活に必要なお金が算出できたら、次はその管理について話し合います。

成婚していく会員たちにアドバイスを求められた時、家計の管理として私がおすすめしているのは、「クラウド家計簿」です。

これはネットバンキングで生活費用の口座を作り、毎月、必要な額を夫婦で入れていくというもの。入れる額は、お互いの年収比率に合わせて決めていきます。要は、『第3章』でお話をした、「デート財布」の家計版。ネット上に「夫婦財布」を作るというわけです。

すると、毎月かかった生活費、余って貯金に回せる額などが一目でわかり、家計の管理が非常に楽になります。

また、家計に必要な額だけを夫婦それぞれが「家計財布」に入れて、残りはお互いに別の口座で管理していける。そんなところも、今の時代に添っていると思います。

女性の「専業主婦になりたい」「仕事したい」を叶えるには？

生活費をいかに捻出するかという部分においては、女性が結婚後にどのくらい働くかということもポイントとなります。

そこで、〝②仕事の話〟が必要となるわけです。

今の時代は、共働き家庭が多いものの、婚活市場にはやはり「結婚したら専業主婦になりたい」という女性が少なからず存在します。あるいは「子どもが小さいうちは育児を第一優先にしたいから、フルタイムの仕事は辞めて、パートタイムで働きたい」。そう考える女性もいるのです。

また、子どもを持つ選択をしたカップルの場合、女性は妊娠出産の時期、人によっては育児休暇を取るなどもあるため、どうしても仕事ができない期間が出てきます。

そうなった時、経済的な不安を抱えずに女性が仕事を休めるのか。そこも考えに入れておかなければいけません。

そのカギとなるのが、男性の収入額です。表6を参考にするならば、最低でも年間必要な生活費は300万円。そこに予想外の出費や出産などが重なれば、必要なお金はますます増えていきます。

例えばそこで、女性が「専業主婦になりたい」と言うのなら、男性の年収は少なくとも額面で500～600万円以上なければ、難しいでしょう。

ただ、やはりここでもご縁という言葉を使うしかないのですが……。

「ごめんね。やっぱり僕の年収だと、君にも働いてもらわないと生活できなそうだよ」

あなたがそう言った時に彼女が嫌な顔をして、この交際が終わっても、それはあなたのせいではありません。彼女はあなたの結婚相手ではない、ただそれだけのこと。

彼女がそういう生活をしたければ、年収が高い男性を選べばいいのです。


逆に、「子どもを産んでも、絶対に仕事をしていたい」と言う女性もいます。お相手が自分の仕事やキャリアに誇りを持っており、そんな気持ちで仕事と向き合っているなら、男性はぜひその思いを真摯に受け止めてください。

女性が子どものために今まで積んできたキャリアを捨てるか否か、という選択を迫られた時は、彼女が両方取るにはどうしたらいいのか、2人の問題として考えてほしいのです。

そういった問題は案外、お金で解決できることがあります。例えばベビーシッターを頼む、あるいは少し料金は高いものの長時間子どもを預けられる保育園を選ぶなど。

結果、2人の収入の半分を、そちらへ費やすことになってしまう場合もあるでしょう。

「そんなところにはお金を使わないで、子どもを産んだら仕事を休めばいいじゃないか」

安易にそんなことを言ってはいけません。

そう言う男性はそれこそ、その意向に添える女性を選ぶべきなのです。しかし「お金がかかる選択をしても、仕事がしたい」と女性が言い、そんな彼女だから結婚がしたいのだと思うなら、女性の意見を尊重して真面目に向き合ってほしいと、私は思います。

家事の分担についても決めておいたほうがいいのは、そういう意味もあります。

余談ですが今の時代、お見合いのプロフィールPR欄に「家事は積極的にサポートします」と書いても、それはPRになりません。なぜなら、家事は女性がメインで男性がサポート、というものではないからです。サポートではなく、2人で分担するものなのです。

実家暮らしだった男性にありがちなのですが、家事は親がすることが当たり前、女性がすることが当たり前と、無意識に思い込んでいる方がいます。しかもそういう男性は、家事が何もできないというケースがとても多い。

そこは、意識を改めるべきところです。「できないからやらなくていい」はありません。料理はできなくても、掃除機はかけられます。洗濯物の干し方がわからなくても、ゴミ捨てやトイレ掃除はできるはずです。

まずは自分のできることからでいいので、パートナーと相談して、しっかり分担していくようにしてください。

独身時代のマンション購入で、お見合いが破談に

続いて、〝**③住居の話**〟についてです。

男女どちらかが特定の場所にこだわっていると、結婚の話はまとまりづらくなります。

以前私の相談所にいた30歳の女性会員は、生まれも育ちも横浜でした。非常に地元に愛着を持って暮らしていて、横浜の公立校の教職に就きました。

そんな彼女がお見合いで出会ったのは、埼玉県北部に住む男性。2人の相性はぴったりで、初対面から意気投合し、具体的な結婚の話が出るほどでした。

しかし、実は彼はご実家の家業を継がなければならない、跡取り息子だったのです。そのため結婚後は、自分の実家近くに住みたいと考えていました。

彼女は彼女で地元に愛着がありますし、何より公立校に勤める神奈川県の公務員。彼のご実家の近くに住むとなれば今の職を諦め、地元を離れることになります。

結果、2人はせっかく意気投合したにもかかわらず、2度目のデートで交際終了となってしまいました。

また、男性に多いのですが、独身のうちにマンションなどを買ってしまう方がいます。すると、〝一国一城の主〟という意識が強く芽生えるのでしょうか。そういう方は、がんとして今の場所にこだわり、動くことを拒否するのです。

将来的に投資用として貸し出すことを見越し、ワンルームマンションを購入したのであれば問題はありません。夫婦でワンルームに住むことはできないので、必然的に新たな住居を探すことになるでしょう。

しかし、そうでない場合は非常に厄介。東京を拠点としてお相手を探す場合、マンションが都心ならまだいいのですが、〝首都圏の都内寄り〟などであれば、致命的です。

例えばそのマンションが埼玉県だと、千葉県に住む方や職場が千葉にある方との結婚が難しくなる場合があるのです。

結婚を考えている男性は、マンションや戸建てなどの購入はしないほうが賢明です。パートナーの生活スタイルによっては、その場所縛りでの生活が難しく、せっかくいいお相手が見つかっても、住居問題で結ばれない、などという悲劇が起こり得ますから。

では、結婚後の住居はどこに定めるのが理想でしょうか。

一番はやはり、2人の職場を拠点に考え、ともに通いやすい場所かと思います。

しかし現実問題、子どもを持つことを考えて、多くのカップルはどちらかの実家近く、特に女性の実家側を選んでいるようです。

ご両親がご健在の場合、子育てのサポートが望め、女性が働きやすいからでしょう。

そんな未来を見据えて、男性側が譲歩できるなら女性の実家方面に寄るのがいいかと思います。男性の実家が万全の協力態勢を整えてくれたとしても、やはり実の親とは異なりますから。女性はどうしても義実家に気を遣ってしまいます。

親の「結婚反対」は、相手に会うことで解決するケースも

2人の間で具体的な話が煮詰まり、結婚への意志がしっかり固まったのであれば、私はここで一度、双方の親へ挨拶に行くといいと思います。本格的な挨拶はプロポーズ後でもいいですが、お互い親に「この人と結婚を前提につきあっている」ことを知らせましょう。

親にあらかじめ会ってもらうと、その後の流れがぐっとスムーズになります。

「結婚するのはあなたであって、親ではありません。親の意見に左右されてはいけません」

正論としては、そう言いたいところです。しかし、結婚となれば家と家との問題でもありますし、やはり親の意見が気になる方がほとんどかと思います。

ここでお相手と会ってもらい、結婚に向けて親子の足並みも揃えておきましょう。

また、既につきあっているお相手の話をしていて、その交際に親が難色を示している場合、実際に対面することで、すんなり解決してしまうケースもあるのです。

先日、フィリピンの女性と国際結婚をした39歳の男性が、まさにそのパターンでした。男性のお母様は、国際結婚の話を初めて聞いた時、「文化が違うから難しいんじゃないか」「お金目当ての女性なんじゃないか」と、泣きながら男性に電話をかけてきたそうです。

しかし、いざ彼女と会ってみたら、考えがガラリと変わってしまった。

「お母さん、お母さん」と呼びかけて手をつないできたり、歩いている時も「お母さん、そこ危ないですよ」と支えてくれたり。

明るくやさしい人柄にすっかり魅せられてしまったのです。2人が結婚した今では、息子さんより奥さんと連絡を取ることのほうが多いくらい、打ち解けているのだとか。

いくら「結婚するのは自分であって、親ではない」とはいえ、反対されたまま、ましてや親を泣かせてまで、その人と結婚したいと、意志を貫ける人は少ないはずです。

結婚を反対されたなら、親の意見を聞く一方で、なぜ彼女と結婚したいのかをきちんと伝え、成婚までの道のりを気持ちよく整えましょう。


お相手が「交際を延長したい」と言い出したら、要注意！


結婚後のシミュレーションを済ませ、親との歩調も揃ったら、いよいよ真剣にプロポーズのことを考えていきましょう。

基本的には皆さん、プロポーズは初体験でしょうから、お相手が受けてくれるかどうか、やはり心配になるかと思います。

お見合い市場であれば仲人がお相手の相談所に、「うちの会員がプロポーズを考えているけれど、彼女は受けてくださるかしら？」と確認を取るシステムとなっているため、失敗するケースは、ほとんどありません。

しかし、他の婚活市場で活動している方の場合、プロポーズを絶対成功させるためには、どのように動けばいいのでしょうか。

「100日結婚」を実践しているあなたなら、この第3タームで具体的な結婚の話をしてきているはず。

その話にちゃんと彼女が乗ってきてくれていたなら、ほぼ断られる可能性はありません。

「女性が出している、〝プロポーズを待っている〟〝プロポーズされたらOKしますよ〟というサインがわかれば、楽なのに」

そんなことを言う男性が、時々いらっしゃいます。

実は、そんなサインの話を、35歳の知人男性から聞いたことがあります。彼は、2年間おつきあいした同い年の彼女と、5年ほど前に結婚しました——。

ある日のこと。彼の家に遊びに来た彼女が、ひどく重そうな紙袋を持っていたそうです。

「道端で配っていたから、もらってきたの！」

見れば、それは結婚情報誌。「こんなものを道端で配るかな？ 彼女の結婚したいアピールでは？」と思いつつも、彼がパラパラ雑誌をめくっていると……なんと！ ページの間に、本屋のレシートが挟まっていたのです。

彼女が持ってきた結婚情報誌はやはり、彼女の〝結婚したいアピール〟でした。茫然とレシートを見つめる彼に、彼女はキッパリと言ったそうです。

「別れるか結婚するか、どちらかに決めて。私たちはもう2年もつきあっているし、来月、私は30歳になるの」

結局、彼は彼女との結婚を決め、今では2児のパパになっています。

ところで先ほど私は、プロポーズを受けてもらえるサインとして、〝具体的な結婚話に彼女が乗ってきたら〟とお話ししました。

逆にこの段階になって、急に彼女が結婚の話に乗らなくなった、「もう少し〝真剣交際〟を延長したい」などと言ってきた場合は、注意が必要。そう言ってきた彼女と結婚できる可能性は、とても低いからです。

実は、結婚に一番遠い人というのは、交際相手がいない人ではありません。結婚をしてくれない相手とつきあっている人なのです。

結婚してくれない相手とつきあっている人は、寂しくありません。

一応、週末はデートできるし、LINEを送ったらちゃんと返事もくる。頭のどこかで、いつかは結婚できるのではないかと考えているからです。

しかし、結婚というのは決断。その決断をできない人が、この世の中には存在します。

そんな人と延々おつきあいをしていても、無駄に時間を過ごすばかりなのです。

結婚相談所であれば後ろに仲人が控えているため、結婚の話をのらりくらりとかわすことは不可能です。

けれど、婚活アプリなど他の市場で出会った場合、結婚の決断は本人次第。お相手の真剣度やあなたへの気持ちが低ければ、いつまでだって待たされる可能性があるのです。

婚活市場にいながら、見極めの期間3ヶ月をもってしても結婚が決めきれない人は、何年待っても、あなたと結婚すると決断することはないでしょう。

「100日結婚」ゴール直前で、〝諦める〟という決断は、相当苦しいかと思いますが、そこは決断して次に行くべきです。

どうしても諦められないなら、玉砕覚悟でプロポーズをするのもいいでしょう。

これは女性の話になりますが、以前、婚活アプリで活動をしていた35歳の知人がいます。

30歳の時、彼女は婚活アプリでマッチングした3つ年下の男性と交際していました。

彼は非常に真面目で優しい人。婚活市場で出会ったこともあり、「こんなに素敵な結婚相手が見つかるなんて、幸せだわ」と彼女はすっかり安心しきっていたそうです。

ところが婚活市場で一区切りとなる3ヶ月が過ぎても、彼から具体的な結婚話は出ませんでした。年上という負い目もあり、彼女からはなかなか話が切り出せなかったのですが……。

交際が6ヶ月目に突入し、31歳の誕生日を迎える直前、彼女は思いきって尋ねました。

「今じゃなくてもいい。だけど、本当に私と結婚する意志があるかどうかだけ、教えて」

すると彼は、申し訳なさそうに目を伏せて答えたそうです。

「ごめん。今、君との結婚を決断することはできない」

彼女は彼と別れた直後、婚活パーティに参加。そこで知り合った男性と結婚をしました。

「あの時は本当に辛かった。でも、私はフラれてよかったと思っているの。だって彼を失いたくないからとただ待っていたら、今も独身のままかもしれない。この人と結婚したいと思ったら、絶対に自分から言ったほうがいいのよ。うまくいけば願ったり叶ったりだし、フラれたなら他の人を探せる。どちらの結果になっても、納得して次のステップに進めるんだから」

一生に一回のプロポーズは、とびきりロマンチックな演出を

とうとう「100日」も残すところ、あと2日となりました。

大変なこともたくさんあったかと思います。その苦労の集大成となるプロポーズ。

ここでは思い出に残るプロポーズを計画するためのヒントや、私が聞いた素敵な体験談を色々とご紹介していきます。

まず、プロポーズをする男性会員に、私は必ず次のアドバイスを贈ります。

「プロポーズは、一生に一回のこと。ちゃんとドラマティックにしてあげてくださいね」

素敵な思い出がたくさん詰まった、思いきり特別な日にしてあげてほしいのです。

タイミングで言えば、一番のおすすめは彼女の誕生日。他に、冬ならばクリスマス、夏ならば七夕などイベント絡みもいいでしょう。また、出会って100日目など、2人だけの記念日というのも素敵です。

そして、なぜこの日を選んだのかを聞かれたら、こう答えてください。

「この日だったら、プロポーズ記念日として一生忘れないと思ったから」

ありきたりではありますが、そんな言葉があると女性はやはり、嬉しいものです。

シチュエーションとして最もポピュラーなのは、夜景のきれいなレストランでお食事を

するというもの。そこでケーキと花束を用意して……というのが一番多く、また、喜ばれるパターンです。

2020年に成婚退会をした37歳の男性会員も、素敵なプロポーズを演出していました。彼がプロポーズの場に選んだのは、ある商業ビルの屋上庭園。2人が初めてキスをした場所でした。

そのビルの中にあるレストランで食事をした後、屋上庭園へ出た2人。途中、彼はトイレに行くフリをして、地下のロッカーへ。そこでサプライズの花束と指輪をピックアップしてから、プロポーズするつもりだったそうです。

ところが……なんと、ロッカーのカギがないのです！　焦ってカバンを確認し、来た道を戻って捜すもなかなか見つかりません。あまりに時間をかけ過ぎたため、その間、寒い屋上庭園でずっと待っている彼女からは、何度も着信が……。

なんとかカギを見つけ、無事にプロポーズができた彼。イエスの答えをもらった後、舞台裏の種明かしをし、2人で大笑いしたそうです。

「ある意味、本当に忘れられない思い出になりました（笑）」

素敵なプロポーズ体験談は例を挙げていくとキリがありませんが、そんな話をすると、照れ隠しなのかこんなことを言う男性がいます。

「女性のほうも、この日にプロポーズをされるってわかっているんですよね？　それなのにやっぱり、そこまで演出したほうがいいですか？」

はい、してください。

もちろん、彼女はピンときているはず。しかし、出来レースでも茶番でも、女性は嬉しいのです。自分のことを思い、素敵な思い出にしようと彼が頑張ってくれたことに、何より大きな幸せを感じるのです。

自分で用意するのは照れくさい、仕事が忙しくて満足に準備ができないと言うのなら、〝プロポーズプラン〟があるレストランを探しましょう。

先日、婚活市場を経て結婚に行き着いた女友達数人で集まった時のこと。30歳の知人女性が話していた思い出も、やはり〝プロポーズプラン〟にまつわるものでした。

「私、その日にプロポーズされるとは思ってもいなかったんです。

レストランで食事をした後、お手洗いに行って。席に戻ろうとしたら店員さんに呼び止められ、言われるがまま階上のチャペルに行くと彼がいました。

そして私の前でひざまずいて、〝結婚してください〟と指輪の箱を開けた瞬間――。

私たちの頭上から、天使の羽みたいなフェザーがフワフワ舞い降りて来たんです」

なんて素敵なプロポーズ！　全員で感動していると、彼女は慌てて付け加えました。

「当時の彼は本当に仕事が忙しかった。だから、〝プロポーズ　レストラン　演出〟で検索をしただけ。用意するべきことが最低限で済む手段を探しただけだと思います」

しかし、そう言う彼女の笑顔の、なんと嬉しそうだったことでしょう。

「結婚したら喧嘩もするし、揉め事も色々あるじゃないですか。

だけど、〝もう夫なんて大嫌い！　絶対に許せない！〟と思った時、ふとプロポーズされた時のことを思い出す日があって。すると、〝あんなこともしてくれたし……〟なんて優しい気持ちになれたりもするんですよね（笑）」

どうか皆さん、思い出の場所や素敵なレストランで。彼女の好きな花束や、憧れていたジュエリーショップの指輪を用意して。

最後の2日間は、素敵なプロポーズを準備してください。その時間はきっと、〝100日〟の苦労に報いてくれる、とびきり幸せで楽しい時間となるに違いありません。

さあ、ここで〝100日〟のスケジュールを考えるタームは終了です。

次からは、〝100日〟の間、どの時期においても気をつけていただきたい注意事項について、お話ししていこうと思います。

目指せ100日結婚！

第4章 理解度チェックシート15

- □ 結婚相手に〝怒る人〟〝相手の立場に立てない人〟は選ばない
- □ お相手の性格にどうしても気になる部分があるなら、結婚は見送るべし
- □ 相手に打ち明けていないことがあり、それが苦しいなら第3タームの間に話す
- □ 現実問題としてすり合わせておくべき事項は、〝お金〟〝仕事〟〝住居〟について
- □ 相手の貯金額から、思わぬ浪費癖が発覚することもある
- □ 当座の生活だけではなく将来設計も見越して、家計の予算編成をする
- □ 家計の管理には、明瞭で手軽な「クラウド家計簿」を利用する
- □ 結婚後の女性の仕事は、男性の〝収入額〟と〝心意気〟で決まる
- □ 家事は〝サポートするもの〟ではなく、〝分担するもの〟と心得る

□ 〝住むところ〟にこだわりすぎると、結婚が破談になることがある

□ 独身の間は、マンションなど家を買うことは避ける

□ 結婚に反対している親には、実際に相手と会ってもらう

□ 「真剣交際を延長したい」と言う女性と結婚できる可能性は低い

□ プロポーズはこれでもか！　という程、ロマンチックに演出する

□ 忙しい男性は〝プロポーズプラン〟のあるレストランを利用する

第5章

「チョコレートさえ武器になる」基本の会話&LINE作法

「喋りすぎて」も「黙りすぎて」も、嫌がられる原因に

婚活市場で、「男性が女性からお断りされる原因ワースト3」をご存じでしょうか。私が仲人経験を通し、「多いな」と感じた原因をランキングにしてみました。

1位　会話やLINEの内容がひどい
2位　女性の気持ちがわかっていない
3位　マナーや身だしなみに問題がある

どれも「100日」の間中、タームにかかわらず気をつけるべきことばかりです。

しかし、これらは「性格が合わない」「容姿が生理的に受け付けない」など、言われてもどうにもできない、という類のものではありません。

注意して直そうと思えば直せることなのです。

そこで、この章からは、これらをお断りの原因とされないために、注意すべきポイントや対策法などをわかりやすく説明していきたいと思います。

『第5章』では、お断り理由のワースト1に挙げた、会話とLINEの作法について取り

上げます。

初対面の席や交際初期段階で会話問題が持ち上がる時、お断りされるパターンとしては、次の2通りが多いようです。

1つは、「男性が自分の話ばかりしていて、一緒にいたら疲れてしまった」というもの。もう1つは、「男性が全く話をしてくれなくて、困ってしまった」というもの。

一見、両極端に見えるかもしれませんが、どちらも根っこは同じ。「自分は話すのが下手だ」という、会話への苦手意識から来ている行動です。

まず、〝自分の話ばかりしていて〟お断りをされてしまう男性。これは、緊張して喋りすぎてしまった、という方が非常に多いです。

お見合いでお断りされた原因が、「あなたの喋りすぎによるものです」と説明すると、皆さん一様にこうおっしゃいます。

「僕、沈黙が嫌で喋っちゃうんですよね」

「会話が途切れたらどうしよう」「沈黙が怖い」と思う気持ちは、理解できます。しかし、『第3章』でも触れましたが、そこで喋りすぎてはマイナスイメージを招くだけ。

しかも厄介なことに喋っている間、男性たちは、女性が無理して聞き役になってくれていることに気づいていません。そのためお見合いの後に、こんな報告をしてくるのです。

「いやー、今日のお見合いは楽しかった！　すごく会話が盛り上がっていたし、交際希望でお願いします！」

けれど、〝盛り上がっていた〟のは、男性だけ。その後、盛り下がりきった女性からは大抵、お断りの連絡が入るのです。

では、同じ緊張するなら、まだ「全く喋らない」ほうがいいのかと言えば、それもまた違うのです。あまりに沈黙が過ぎれば、やはりお断りが来てしまいます。

緊張のあまり黙り込む男性というのは、「何か話さなければ」「話を振らなくては」と考えるうちに、焦りすぎて頭が真っ白になる。結果、何も話せなくなるのです。

男性の過ぎたお喋りを聞くのも苦痛ですが、沈黙を決め込む男性を前に、自分が喋り続けることも、女性にとっては非常に苦痛に満ちた時間となるのです。

相手と自分の意見が異なる時も、一度は受け止めよう

「どうしよう？　僕も本当に話すことが下手だし、苦手なんだけれど……」

この本を手に取った読者の中にも、そう思われる方がいらっしゃるかもしれません。そんな方は次のように考えを切り替えましょう。

「よし！　僕は、聞き役に徹しよう！」

第1タームの頃から何度もお伝えしていますが、婚活を成功させたければ、女性に〝共感〟することが最重要事項の一つです。

女性は、自分に〝共感〟してくれる男性、すなわち気持ちを寄り添わせてくれる男性でない限り、どれほど見た目がタイプでも好きになることはありません。

「きちんと〝共感〟できる聞き役」というのは、婚活市場のアピールとしては、うってつけです。では、会話で〝共感〟を示すには、どうすればいいのでしょうか。

例えばお見合いの席で、趣味の映画の話になったとしましょう。そして、男性がどんな映画が好きかを尋ねた時、女性がこう答えたとします。

「私、ジブリの映画が大好きなんです」

スタジオジブリについてあまり詳しくない男性が答えるとしたら、次の3つの回答のうち、どれが正しいと思いますか？

〈A〉「あー……すみません。僕、アニメは見ないんです」

〈B〉「ジブリが大好きなんですね。他にはどんな映画を見ますか?」
〈C〉「ジブリ、人気ですよね。実は僕、あまり見たことがないんですけど、どんな所が面白いんですか?」

〈A〉の回答は論外。
話がそれで終わってしまいます。男性は会話に結論を求めがちだと言われていますが、そのせいでしょうか。相手の意見を受けた結論だけを述べ、会話を断ち切ってしまう方は少なくありません。この回答は、まさにそのパターンだと言えるでしょう。

（提議）私はジブリ映画が好き↓（結論）僕はジブリ映画は見ない↓以上

繰り返しますが、女性との会話には〝共感〟が必須。相手の話がどれほど自分の見解と食い違おうとも、まずは一度受け止めなくてはいけないのです。
これは婚活市場に限らず、生活圏内でも同じことが言えます。例えば、あなたの会社の同僚女性が、「昨日部長に企画書を出したら、内容が浅くて面白くないと酷評されたのよ」

と愚痴をこぼしてきたとしましょう。その企画書がたとえ面白くなかったとしても、こんなことを言ってはいけません。

「ああ、僕も読んだけれど、確かに企画の視点が甘いね」

これでは身も蓋もなく、彼女は反感を覚えるだけです。この先、あなたに相談はおろか、話しかけることさえしなくなるかもしれません。

「そうかぁ、〇〇さんは、一生懸命考えていたもんな。ただ、あそこの視点をこう変えてみてはどうだろう？」

頑張ったことや努力をまずは認められると、女性は次の提案をすんなり受け入れるし、あなたに今後も信頼を寄せるのです。

なお、〈A〉の回答でさらに、

「あー……僕、アニメは見ないんですよね。見るのはアクション映画ばかりで。この間見た映画では、トム・クルーズがすごくて……」

など、自分の見解で相手の話を終わらせるに留まらず、自分の土俵へと話をもっていくのは、もってのほか。さらによくないパターンとなります。

〈B〉の回答は一見、相手の話を受けているように見えますが、これも不正解です。なぜなら、そこには共感も感想もないからです。この回答で男性がしているのは、確認だけ。

（提議）私はジブリ映画が好き↓（確認）了解↓以上

女性には、あなたがそれを聞いてどう思ったのかが全く伝わっていません。その回答でわかったことといえば、男性が自分の話を聞いていたらしいということだけ。

ジブリに興味があるかどうかはもちろん、「ジブリの世界が好きだなんてかわいい女性だな」と思われたのか、「アニメが好きってことはオタクなのかな」と思われたのか。自分の答えが男性に与えた印象も見えず、不安になる女性もいるでしょう。

しかも回答を受け流し、「他には?」と、次の話題を始めようとしているのです。

なお余談ですが、この回答の始まりで男性は、「ジブリが大好きなんですね」と、話し手である女性の言葉をそのまま繰り返す〝おうむ返し〟をしています。

これは、コミュニケーション心理学において〝バックトラッキング〟と呼ばれるテクニック。相手の言葉を繰り返すことで気持ちよくコミュニケーションが取れるという、一時期、非常に流行ったものです。

以前は営業マン向けセミナーなどで必ず伝授されていましたが、世間に浸透しすぎ、知る人が増えてしまいました。そのため今では〝おうむ返し〟をされると、「見え透いたテクニックで懐柔しようとしている」と逆に不愉快に思う人もいるため、注意が必要です。

婚活市場で出会う人は、〝自信を失っている人〟

というわけで、最後の〈C〉が正解となります。男性が〈C〉で答えた場合、どのように会話が展開していくのか、その例をお見せしましょう。

「私、ジブリの映画が大好きなんです」

「ジブリ、人気ですよね。実は僕、あまり見たことがないんですけど、どんな所が面白いんですか？」

「（ジブリの魅力を語って）だからジブリ作品って、すごく夢があると思うんです」

「わかります！　そのお話を聞いていたら、本当に夢がある感じでいいですね。今度、見てみます。何かおすすめはありますか？」

いかがですか？　相手の話を〝共感〟で受け止め、その話題を広げていく。フォローして、次の質問をする。そうやって会話をつなげていくと、女性は気持ちよく話すことができるでしょう。これは、〝フォローアップクエスチョン〟というテクニックです。

さらに、少しでも相手の興味について知識を持っているなら、どんなに些細でも、それを差し込みましょう。ますます〝共感〟を高めることができます。

「あっ、それはテレビで少しみたけれど、面白かったです！　まっ黒で小さい、フワフワした妖怪が、家の中にたくさんいるんですよね。かわいかったな（笑）」

自分の言葉に同調し、しかも好意的な意見を言ってくれている――。女性は大きな満足感を覚えると共に、あなたへの好感も抱くようになります。

ところで、私がここまで「一番大事なのは〝共感〟することだ」と言い続けるのには、理由があります。

第一に、自分の意見に反対されて不快感を覚える人はいても、〝共感〟されて嫌だと思う人は少ないからです。まずは女性に気持ちよく話してもらうこと。「この人とはお喋りしているだけでも楽しいな」と思ってもらうことが、大切なのです。

第二に、婚活市場にいる人たちは、男性も女性も自分に自信をなくしているからです。

婚活市場にいると、思うような人に出会えず時間だけが過ぎて行ったり、出会えても〝真剣交際〟まで行き着けなかったり、失敗が続いて自信を喪失してしまうことがあります。

また、周りの友達や同僚が〝次々と〟結婚していく中で、自分だけが〝なかなか〟結婚できないことへのコンプレックスもあるのです。

いつの間にか、友人から来る年賀状はみんな、家族の笑顔が溢れる幸せな写真プリントになっていた。ふと気づけば、会社の同期のグループＬＩＮＥのアイコンは、みんな子どもの写真になっていた。

学生時代、自分よりモテないと思っていた友人ですら結婚して父親や母親になっていくのに、未だ自分はお一人様のまま、婚活市場でもがいているのです。

「結婚できない自分は、だめな人間なのかもしれない」

婚活経験者ならば誰しも一度は、そんな思いにとらわれるはずです。

そうして、ともすれば挫けそうな心を必死で鞭打ちながら、お見合いの席へ、婚活パーティへと出かけて行く。そんな人は少なくありません。それなのに、そこで出会った人にさえ、自分のささやかな趣味まで否定されたら、どんな気持ちになるでしょうか？

それは同じ婚活市場にいるあなたなら、痛いほどわかるはずです。

婚活市場で出会うお相手というのは、大なり小なり、結婚ができない事実に悩みを抱えています。自分に自信を失っているのです。

せめて会話の中だけでも、お相手の発言を認めてあげる、承認してあげる。それをするだけでも女性の中で、あなたへの気持ちは変わっていきます。

要は、お相手の心を温かく受け入れる気持ちを持つこと。それが〝共感〟であり、会話の基本なのだと、胸に刻んでください。

〝さしすせそ〟のあいづちで、会話をポジティブに！

さて、話の聞き役に徹すると決めたなら、〝聞き上手〟を目指しましょう。

〝聞き上手〟と言われる人たちは、話を聞く時の態度やあいづちに特徴があります。女性が話をしている間、男性はどのような姿勢で聞くといいのでしょうか。

ここでは、私がライターとして数多くのインタビューをこなす中で学んできた、〝聞き上手〟に見えるテクニックを2つ、お教えしたいと思います。

まずは1つ目。

お相手の話を聞いている時は、とにかく笑ってください。

そんなに簡単なことでいいのかと思われるかもしれませんが、実はこれはとても大切。

あなただってせっかく話をするなら、聞き手には楽しんでほしいと思いませんか？

人間というのは、自分が楽しい時はもちろん、自分が誰かを楽しませたり喜ばせたりした時にも脳内に幸せホルモンが分泌されるそうです。自分が原因で誰かが笑顔になれたなら、やはり幸せを感じることでしょう。

「この人と話していると楽しいな、幸せだな」

そう、お相手に思っていただくのです。大げさな馬鹿笑いをする必要はありませんが、笑顔も笑い声も通常の3倍増を目安に、笑ってみてください。

どうしても笑うことができない方は、微笑んでうなずくだけでも場の雰囲気がガラリと変わるはずです。

もう1つの〝聞き上手〟テクニック。それは、「あいづちの〝さしすせそ〟」です。

これは、コミュニケーション講座などに行くと、決まって言われるテクニック。さ行で始まる言葉で、相手にあいづちを返すのです。

さ↓「さすがですね」
し↓「信じられない!」
す↓「素敵ですね（すごいですね）」
せ↓「センスありますね」
そ↓「そうなんですか!?」

これらはよく、女性が男性に使うと効果的と言われますが、もちろん男性が女性に使ってもいいのです。すると、こんなふうに会話がつながります。

「私、料理が得意なんですよ」

「さすがですね！　やっぱり男は、パートナーが料理上手だと嬉しいです」

「私が大好きなジブリの映画、こんなにヒットしたんですよ」

「そうなんですか!?　信じられない！」

「(写真を見せながら) この間、部屋の模様替えでカーテンを買い替えたんです」

「センスあるなあ。しかも、素敵なお部屋じゃないですか！」


いかがですか？　会話が自然とポジティブな流れになっていて、聞いているこちらの気持ちまで明るくなります。

こうしたあいづちの打ち方を覚えておくだけでも、会話はぐっと楽になるのです。女性と話す前に、こんなふうに考えてみましょう。

「今日は笑顔で、〝さしすせそ〟だけ、ちゃんとできればいいんだ！」

また、普段から〝さしすせそ〟のあいづちを打つ練習をしておくと、さらに自然に使いこなせるようになるはずです。

逆に、〝聞き上手〟を目指すのであれば、決して使ってはいけない接続詞があります。

それは、「でも」。「でも」の後には間違いなく、相手を否定する言葉が続きます。

例えば、「私、料理が得意なんです」と女性が言って、「でも」と返してしまったら、続きはこんなセリフになると思いませんか？

「でも、僕は食べることにあまり興味がないんです」

「でも、〝美味しい〟〝まずい〟の判定は、人によって違いますよね」

右は一例ですが、どちらにせよポジティブなセリフは期待できません。

起業家セミナーなどでもよく、「でも」を使う人は成功しないと言われていますが、婚活市場も同じこと。そもそも、〝でも↓否定〟の流れは、私が言う〝女性には共感すべし〟という理念からも外れているのですから、成功するわけがありません。

〝でも〟をなるべく使わない。そう心がけるだけでも、あなたの会話はいつもと違う雰囲気になるはずです。

〝好きなこと〟を話題にすると、会話が弾みやすくなる

会話が苦手で、まさに〝あいづちのさしすせそ〟だけで乗り切ろうとしている不器用な方であれば、これまでの話を聞いて、こんなことが不安になるかもしれません。

「話題を振ったら〝共感〟して、話を拾って……。流れはわかったけれど、その肝心の話題を見つけるには、どうすればいいのだろう？」


そこで、おすすめの話題をいくつか選んでみました。話題を選ぶ時に何より大切なのは、明るく話せて、ポジティブな内容の会話につながるということ。

となると一番のおすすめはやはり、趣味の話。好きなものの話をしている時、人は楽しい気持ちになりますし、舌も滑らかに動きます。

急に「ご趣味は？」と聞くのが突然すぎると気になるならば、まずは自分の趣味の話を

軽くしてから、「あなたはいかがですか？」と振ればいいと思います。

「でも、お相手が僕の趣味に全く興味がなければ、質問と答えの応酬だけで、会話が終わってしまいますよね？」

そんなことはありません。むしろそこが話の拾いどころ、チャンスと捉えてください。興味がないと言われても、いきなり話題を変えるのではなく、少しだけ自分の趣味を説明してみる。それから相手に話を振ればいいのです。そうして、相手の趣味と自分の趣味の共通点を見つけ、会話を展開していきましょう。このようなイメージです。

「僕、野球が大好きなんですよ」

「ごめんなさい。私、野球は全然知らないんです」

「そうですか！　野球って打って取って投げて……だけじゃなく、案外、心理戦で読み合いが必要なんです。見ていて面白いですよ。何か好きなスポーツはありますか？」

「そうですね……。私は、テニスが好きかな」

「なるほど。テニスもちょっと心理戦っぽいところがありますよね」

さあ、この後は、彼女側に話題が移ります。好きだというテニスについて話していただき、あなたはそこから話題のタネを拾っていきましょう。「何か好きなスポーツはありますか？」と振って、彼女がそれでもなお、スポーツに全く興味がないと言うのなら。

〝僕は野球が好き→私は興味がない〟という一往復の会話の後、あなたが野球の魅力を語っているので、ワンクッションのつなぎを入れたことになります。ですから、以下のように尋ねながら話題を変えれば、不自然にならず、会話を続けていけるのです。

「そうなんですね。じゃあ、ご趣味はインドア系や旅行……そういうタイプでしょうか？」

また、好きなものつながりで言うなら、食べ物の話もおすすめ。特に女性の場合、スイーツ好きが多いため、かなり盛り上がれるのではないかと思います。自然に話し出すのであれば、こんなところを糸口にしてはどうでしょうか。

「そういえば、甘いものはお好きですか？　この間、同僚からチョコレートをもらったら、美味しくてハマってしまいました。おすすめのチョコレートがあれば教えてください」

他に、その場にあるものを話題のタネにするのも、いいと思います。

お見合いであれば、ホテルのラウンジでお茶をする場合が多いのですが、その飲み物を会話のきっかけにしてみましょう。

「やっぱりホテルのコーヒーは、美味しいですね。いつもはコーヒーショップチェーンばかりなので、感動してしまいます（笑）。そちらのオレンジジュースはいかがですか？」


さて、これまで話題の選び方についてお話をしてきましたが、もう一つ、スペシャルテクニックをお伝えしましょう。出会って2回目以降のデートでは必ず、前回までに彼女が話していたことを、何かしら話題に挟み込んでください。

「この人、私の話をちゃんと覚えていてくれたのだな」

そう女性が考えてくれたら、しめたもの。大きなアピールポイントになります。先ほどのスイーツの話の続きを例にとってみましょう。前回のデートで、彼女が「週に2回、ヨガに通っている」と話していたなら、こんなふうに挟み込むのです。


「ゴディバのチョコレートが美味しいです。私、甘いものが大好きなんですよ」

「ゴディバ！　今度食べてみます。甘いものがお好きなんですか。でも、ヨガに週2で通っているなら、太る心配はありませんね。僕も見習わなくちゃ（笑）」

ちなみに、〝仮交際〟の第1タームで、他に同時並行でつきあっている女性がいる時は、必ず、それぞれの女性が言っていたことのポイントをメモに書き留めておいてください。誰かが言っていたことを誤って、他の女性との会話に挟み込みでもしたら、それはアピールどころか、破滅フラグとなってしまいます。

婚活市場最悪の「4大NG話題」とは？

おすすめの話題に触れたところで、婚活市場での出会いや交際中、「触れてはいけない話題」もお伝えしておきましょう。

まず、ネガティブな話題は避けてください。特に初期は厳禁です。ネガティブな男性と好んで結婚したがる女性はいません。

さらに、婚活市場には、「4大NG話題」というものが存在します。

それは、「**お金の話**」「**婚活の話**」「**愚痴と悪口**」「**下ネタ**」です。

まず「**お金の話**」について。『第3章』でも触れましたが、女性はケチが嫌いです。お会計での払う払わない問題はもちろんのこと、お金に執着するような発言からも、女性はケチ判定を下します。

クーポンや割引キャンペーンで得をした話。店員がお釣りを間違え、10円多く戻ってきて嬉しかった話。クリスマスディナーの値段設定が高すぎるなどの文句……。

私が女性会員から聞いてきた〝ケチ臭い〟話題は、枚挙に暇がありません。

そうした男性たちはもちろん、その日のうちに交際終了の連絡を受けています。基本的に、一度ケチの烙印を押されたら、もうその女性との未来はないと、肝に銘じてください。

「婚活の話」もNG話題と聞いて、ドキッとした男性がいるかもしれません。

「僕、これが40回目のお見合いなんです」

「これまで、何人くらいの男性と会われました？」

自らの婚活歴を披露し、お相手の婚活歴を尋ねる男性は少なくありません。しかし、そういった話題は、どの婚活市場においても絶対厳禁です。ところが、私の相談所にいる36歳の女性会員は、お見合いの席で予想の斜め上をいく「婚活話」を展開されたそうです。

男性は42歳。上場企業にお勤めしている、いわゆる好条件の男性でした。彼は、彼女が席につくなり、開口一番こう言ったそうです。

「お写真と違いますね。とはいえ、実物の原形を留めていないくらい写真の修正をしている方もいますから。あなたはそこまで大がかりな修正はしていないようですけど」

当然のことですが、その時点でかなり不快感を覚えたものの、ぐっとこらえた彼女に、男性はさらに畳みかけました。

「ところで、あなたのプロフィールにあった自己PR。あれは書き直したほうがいいと思うなあ。あなたのよさも人間性も、全く伝わってこない。もっと具体的に書かなきゃ。いくら趣味を羅列したところで、人の心は動きませんよ」

なんと、お見合いの席でダメ出しと婚活指導をしてきたのです！　怒りに震えながら小一時間を共に過ごした彼女は、ホテルから駅への道すがら、私に電話を入れてきました。

「始まって10分で、帰りたい！　と思ったお見合いは初めてでした。〝人の心を動かす〟？　確かに彼は、私の心を激しく動かしたと思います。ええ、不快な方向に！」

ネガティブ発言が多い男性と、結婚したい女性はいない

「**愚痴と悪口**」のうち、悪口のほうは「100日」を通して、決して言わないようにしてください。愚痴に関しては、初期は厳禁ですが、ある程度交際が進み関係性ができたら、その限りではありません。お相手は、これから一生支え合っていきたいと思うほど、心を開いている方。時にはポロリと弱音を吐いてしまいたくなることもあるでしょう。

しかし中には、まるで息を吐くようにネガティブな発言を連発する男性がいらっしゃいます。


私の相談所にいる、45歳・IT企業勤務の男性会員も、まさにそのタイプ。彼の口癖は、「どうせ」「僕なんか」。お見合いや交際でもネガティブ発言が多く、それが原因でお断りが続いたため、私は彼と面談をすることにしました。

「否定的なことばかり言っている男性と結婚したい女性がいると思いますか？　愚痴を言われて、楽しくなる人はいないですよね。あなただって、もしおつきあいした彼女がぐずぐずとネガティブな発言ばかりを繰り返していたら、嫌じゃないかしら？」

すると彼は、こう返してきました。

「いいえ。僕はネガティブな人間なので。ポジティブなことを言われると、逆に居心地が悪いです。僕は愚痴を言われても全然平気ですから！」

その面談から1年。未だ彼は、婚活市場で活動を続けています。

婚活市場では、〝下ネタ〟で笑いを取ろうとしない

「下ネタ」は女性の性格や、2人の関係性によってはOK話題となることもあります。というのは、男性のキャラクターにもよりますが、婚活市場でも、ある程度の下ネタは笑って流せる女性がいるからです。また、それこそ第2タームでキスをしたなど、2人の交際が深まっていれば、下ネタの許容範囲は広がります。

しかし、初対面となるお見合いやファーストデート、あるいは交際初期には、基本的に下ネタは絶対厳禁と心得てください。

結婚相手になるかもしれない女性に、ましてや初対面で下ネタを言う人などいないだろうと思うかもしれませんが……。先日、私の相談所にいる42歳の女性会員が出会った男性は、その〝厳禁〟を軽々破ってみせた強者でした。

男性は49歳。最初は明るく朗らかな方だなと、お話を楽しんでいたそうです。ところが彼が、彼女の髪型を褒めてくれたところから、風向きが変わりました。

「僕も昨日は、お見合いのために理容室に行ってきたんです」

「そうなんですか。お似合いですよ」

「ただ、実は僕の父親、頭がツルツルなんです。薄毛は遺伝するらしいので、最近薬を飲み始めたんです。そのせいで、アッチのほうが弱くなってしまって。ワッハッハ～」

お見合いの席は、都内の超高級ホテルのラウンジ。コーヒー1杯が1500円近くする、静かで優雅な空間でした。そんな場所には、あまりにふさわしくない話題――。彼の発言が誰に聞かれることもありませんようにと、女性は必死で祈ったそうです。

しかし、そんな祈りも虚しく、さらに彼は続けました。

「しかも、父親は糖尿もあって……。糖尿も遺伝するし、やっぱりアッチのほうが弱くなると言うでしょう？（笑）だから今、食生活にはかなり気を遣っていますよ～（笑）」

彼女がその帰り道で速攻、お断りの連絡を入れてきたのは言うまでもありません。

気のおけない男性同士の飲み会での会話ならば、盛り上がるネタなのでしょう。大人の合コンであれば、「いやね、何言っているのよ！」と、笑って許されるのかもしれません。

しかしここは、婚活の場。下ネタを話して、女性の気持ちをつかめると思いますか？

多少のユーモアはあっても、あくまで誠実な会話を心がけるべきでしょう。

なお余談ですが……。この男性の言う「薄毛」は決して悪いことではありませんが、できれば出会った初期に加齢性を感じさせる発言は避けましょう。同様のケースで「腰が痛くて」「物忘れが激しくて」などを冗談めかして言う方がいますが、それも控えたほうが無難。必要以上に年齢を感じさせる発言は、損はしても、得することはありません。

会話には、どうしても〝相性が合わない人〟が存在する

「僕は話すのが苦手」という人は、「これができない」「あれができない」と、自分を責めることは今すぐやめるべきです。話すことが苦手なら、何だったらできるのか。

お相手が気持ちよく話せるよう、あいづちの練習をするとか、よく笑うようにするとか、〝でも〟を使わないように心がけるとか。あなたにできることは、たくさんあります。

「喋りすぎて」も「黙りこくって」もいないのに、いつも会話が原因でお断りをされてしまう。そんな方は、話題の選び方を見直すといいと思います。そして、その発言をした時に、相手がどう思うのか。それを先回りして考えられる想像力を養うのです。

また、どれだけあなたが頑張っても話が弾まないなら、その時はもう、相性だと思って次の女性を探しましょう。お互い気まずいまま、無理して一緒に過ごす必要はありません。

実は、誰にでも、「会話の相性がよくない人」がいます。

私自身、これまでたくさんのタレントや文化人のインタビューをさせていただきましたが、中にはどうしてもお話ししづらい方というのが、いらっしゃいました。しかし、他のライター仲間に、「あのタレントさん、インタビューしづらくない？」と聞くと、「そんなことはない」と言う。逆のパターンで、私がスムーズに話を聞けた方が、あるライターにとっては全然話を聞き出せない方だった、ということもあるのです。

「おしゃべりな奥さんには、おとなしい旦那さんがつく」と聞いたことはありませんか？そして、そんな2人に限ってとても仲がよかったりするものです。あれも相性。

片方が話し役になれば、もう片方が聞き役になる。自然と会話のバランスが取れているのだと思います。そんなふうに、どちらも無理することなく、いつの間にか会話での役割分担が決まっている。そんなお相手を見つけていただきたいと思います。

短くてもいい、毎日メッセージを送ることに意味がある

さて、会話のお作法ということでお話ししてきましたが、ここからはSNS上での会話・コミュニケーションのお作法について、話をしていきましょう。

毎日の連絡方法として、私がおすすめしたいツールはやはり、LINE。

理由は既にお話しした通り、一目で履歴が確認できること、そして写真を送れる・ビデオ通話ができるなど機能が充実しているからです。

そのため、ここでは連絡を取るツールにLINEを選んだという前提でお話を進めさせていただきます。

「100日結婚」において、毎日の連絡は基本中の基本です。「100日」で成婚退会して行ったカップルはやはり、皆さん毎日連絡を取り合っていました。

しかし、毎日連絡を取るということは、アラが露見しやすくなるということでもあります。婚活を成功させるために頑張ったのに、そこで失敗しては、元も子もありません。そのために注意すべきポイントを学んでおいてください。

少々、おさらい的な内容となってしまいますが……。毎日送るわけですから、LINEのメッセージは短くて構いません。毎日の長いメッセージは、お相手にとって、逆に負担です。その短いメッセージに、交際の流れに沿った変化をつけていきましょう。

第1タームは、第1週にごく短い挨拶メッセージだけを毎日送ります。第2週に入ったら、イエス・ノーで答えられる質問メッセージを交ぜて、相手の日常を探る。第3週以降は、友達口調を徐々に増やしたメールで心の距離を近づけていくのです。

第2ターム以降は、2人は〝真剣交際〟、つまり恋人同士なわけですから。時には長いメッセージで結婚にまつわる話などもしながら、毎日、連絡を取ればいいのです。

ただし、どの時期においても、質問の送りすぎには気をつけましょう。たまに送る分にはいいのですが、いつも答えを求められてばかりでは疲れてしまいます。

特に夜の質問メッセージは疲れてもう寝たい、などという時は面倒に感じます。すると、その面倒という気持ちがあなたの印象と直結。〝面倒なLINE→面倒なLINEを送る人→面倒な人〟となり、そこからお相手の気持ちが裏返ってしまうことがあるのです。

婚活市場のLINEの返事は、早ければ早いほどいい

「LINEの返事は、早めに返すべきですか？　ガツガツしていると思われないかな？」

時々そんな質問をされますが、婚活市場では、「返事は早めに」を心がけてください。生活圏内の恋愛なら、「早く返信をすると自分の気持ちがバレる」など駆け引き要素があるかと思います。しかし、結婚が前提の婚活には、駆け引きも何もありません。

逆に言えば、既読にして放っておくほうが問題。その場でゆっくり返信をする余裕がな

い場合は、さっと一言、こう返すくらいの迅速さを心がけましょう。

「今は出先なので、後でゆっくり返信しますね」

必要のない駆け引きに気を取られていると、婚活では失敗してしまいます。私の相談所にいた33歳の女性会員も、ＬＩＮＥで失敗した１人。


彼女が出会ったのは、38歳の男性。年収も見た目も性格もよく、とても素敵な方でした。お見合いで出会い、お互い一目で気に入った2人は交際に入ったのですが……。彼女は彼が大好きで、「なんとかうまくいかせたい！」。そんな気持ちが焦りを生んだのでしょう。

ＬＩＮＥをもらってすぐに返事をしたら、ガツガツしていると思われるかもしれないし、ちょっとした駆け引きで彼の気持ちをもっと引き付けることができるかも——。

そう考えた彼女は、わざとＬＩＮＥの頻度を減らし、返信もその日のうちにせず、翌日に送るようにしていたそうです。

ところがある週末、男性は他の女性とお見合いをしました。するとその女性はとても積極的で、毎日ＬＩＮＥを送ってくるし、返事も早い。私の相談所の女性会員が返事を出し惜しんでいる間に、新しい女性と彼は1日に4～5往復のやりとりをしていたのです。

徐々に彼は、新しい女性との交際が楽しくなってしまい、結局、女性会員には、交際終了の連絡が届きました。

これは女性会員の失敗談ですが、男性でも同じこと。婚活市場ではこまめな連絡が誠実さ、気持ちの強さの証となるのです。駆け引きだの好きになったほうが負けだのと考えていたら、「彼は私に興味がないのね」と思われ、ライバルに負けてしまいます。

スタンプ1つに目くじらを立てる女性と結婚するということ

LINEのスタンプについて、会員から相談を受けることがあります。

婚活は完全なプライベートというよりは、少々フォーマルな雰囲気が漂う場。スタンプを使うのはカジュアル過ぎないかと、気にする方がいるようです。

実は先日も、事務所に面談に来た38歳の女性会員が、プリプリしながら私に携帯の画面を見せてきました。

「見てください！　今、交際している男性が、こんなふざけたスタンプを送ってきたんですよ！　いい年をした大人なのに、どういうつもりなんでしょう？」

見ればそれは、おじさんがピースしながら横歩きしている、かわいいスタンプでした。

「あら、こんなスタンプもあるのね！　面白いじゃない」

そう笑う私を、彼女は不満そうに見ていました。非常に真面目な女性なので、婚活の場で、こういったカジュアルなスタンプを使われたことが気に入らなかったのでしょう。

私の意見としては、ＬＩＮＥでスタンプを活用するほうがいいと考えています。文字で「ありがとう」とだけ打つより、例えば、愉快なキャラクターが花束を捧げながら「ありがとう！」と言っているスタンプを１つ送る。そのほうが気持ちを伝えられたり、送られた側がほっこりと温かな気持ちになれたりもしますから。

しかし、彼女のように「こんなスタンプを送ってくるなんて、幼稚だわ！」と考える女性もいます。もしも交際に入った女性が非常に真面目で、送ってくるＬＩＮＥの内容もしっかりしたものばかりなら、気をつけたほうがいいかもしれません。

とは言うものの、私としては正直、スタンプ１つでそこまで人を批判する目を持たなくていいのではないか、とも思うのです。

スタンプ同様、ＬＩＮＥの誤字脱字にも異様に厳しい女性がいらっしゃいます。

以前、仲人仲間から聞いた話があります。出版社勤務の39歳女性会員が、東京の有名私立大学卒の素敵な男性と交際に入ったそうです。ところが、最初のメッセージをやりとりしたただけで彼女は、交際終了希望を申し出ました。理由はこうです。

「彼からメッセージが来た時、〝こんにちは〟が〝こんにちわ〟となっていました。彼は本当に、あの大学を卒業したのですか？　それにしては教養がなさ過ぎると思うのですが……」

文章を書くのが得意な女性であれば、確かにお相手の誤字は気になるかもしれません。

しかしたった一文字間違えていただけで、全てを否定するのはどうでしょう。彼は文章を書くことは苦手かもしれないけれど、並外れた理系脳の持ち主かもしれません。

それをすぐ、「誤字があった、なんて教養がないんだ」と考えるのは、あまりに短絡的で余裕がなさすぎるように思うのです。

これは『第4章』でお話しした〝怒る人〟にも通じる性質。自分の物差しで全てを測り、相手のアラを探す。おそらくこういった女性と結婚すれば、やはりあらゆる場面で、あなたはお小言を頂戴することになるでしょう。

つまり「あなたは、ＬＩＮＥのスタンプ1つで目くじらを立てるような女性と、結婚したいですか？」ということです。

そういう意味では、何かの機会にＬＩＮＥのスタンプを1つ、ポンと送るのもいいかもしれません。彼女の性格を知る、1つの判断材料になるかと思います。

電話やビデオ通話が、愛を加速させていく

SNSを使ったコミュニケーションということで、ここまでお話ししてきました。ある程度親しくなったら、文字だけのやりとりに頼らず、電話や、場合によってはビデオ通話も利用しましょう。

文字だけと実際に話すのとでは、情報量が圧倒的に違います。5分話せばかなりのことを伝えられますが、5分メッセージを書くだけでは、要約した情報しか伝えられません。

また、実際に話すと話し手の感情まで乗せて伝えることができる。その結果、お互いにより親しみを感じ、心の距離をぐっと近づけることができるのです。

ビデオ通話が加わると、さらに心の距離は縮まります。「百聞は一見にしかず」ではありませんが、映像を見ているだけで、一緒にいる気持ちになれるからです。

しかも、会っているのに触れられない。そんなもどかしさが「会いたいね」につながり、実際に会った時の喜びを倍増させ、愛情も強まっていく。そんな効果もあります。

「100日結婚」を成功させたカップルの中にも、文字のやりとり以外に電話やビデオ通話などのツールを上手に取り入れる方が多かったように思います。

「でも、電話やビデオ通話って、相手の迷惑にならないか心配でハードルが高いです」

確かに、メッセージのやりとりであれば、相手が好きな時に読み、返信できますが、電話などであれば、リアルタイムで相手の時間を割いてもらうことになります。

しかし、そんな心配をする必要はありません。先に連絡を入れて、事前に約束しておけばいいだけの話です。

「水曜か木曜にでも一回電話で話さない？　何時頃なら電話していいかな？」と。

お相手にも都合があります。疲れて寝たい時もあれば、友達と食事をしていることもあるでしょう。電話して邪魔になることを心配するより、そんな相手の立場に立てる気遣いをしてください。

文字のやりとりに加え、電話やビデオ通話を上手に使い、お相手の情報をどんどん取り入れる。あなたのことをもっと知ってもらう。そして距離を縮めてほしいと思います。

目指せ100日結婚！

第5章 理解度チェックシート15

□ 婚活市場では、「喋りすぎ」でも「黙りすぎ」でも、嫌がられる

□ 意見に賛同できなくても、一度はそれを受け止める

□ 相手の話を打ち切って、自分の話にすり替えてはいけない

□ 相手の話題の中に、少しでも自分が知っていることがあれば会話に差し込む

□ 相手の話を聞いている時は、いつもより笑うよう心がける

□ あいづちの〝さしすせそ〟を普段から練習しておく

□ 会話に〝でも〟が多い人は、婚活で失敗する

□ 〝話し下手〟だったら、〝聞き上手〟を目指せばいい

□ 趣味やスイーツなど、相手が好きなものを話題に選ぶ

□前のデートで女性が話していたことは、必ず次のデートの会話のネタにする
□婚活市場の〝4大NG話題〟は「お金」「婚活」「愚痴と悪口」「下ネタ」
□婚活市場に駆け引きは存在しない。LINEの返事は早めに送るべし
□スタンプや誤字に厳しい女性は、万事に厳しいと心得よ
□メッセージのやりとり以外に、電話やビデオ通話も駆使して心の距離を縮めるべし
□会話の基本は、〝共感〟で受け止め、話を広げていくことである

第6章

驚くほど相手の気持ちが見える、「女性のサイン」の盗み方

自分の物差しで、女性の気持ちを決めつけてはいけない

この章では、「男性が女性からお断りされる原因ワースト3」の第2位〝女性の気持ちがわかっていない〟という問題を解決する策をご紹介していきます。

女性の気持ちを読み取るには、主に2つの方法があります。メインの方法は、行動から気持ちを読むというもの。サブ的な方法として、女性の言葉から本音を探るというもの。

ただ、それらをお伝えする前に、男性には理解しておいていただきたいことがあります。

婚活市場の男性が女性から、「なぜ彼は、私の気持ちがわからないのかしら？」と思われてしまうのはどうしてでしょうか。それは、「彼女がこんな行動を取るのは、こういう意味だろう」と、自分の物差しで彼女を測ろうとするからです。

先日も、男性側の物差しが原因で破局を迎えたカップルがいました。

男性は38歳で、さばけた明るいタイプの方。女性は私の相談所の会員で、33歳。非常に真面目で、男性に対しても慎重。そして、とてもきれいな方でした。

彼女と出会った彼は、一目惚れ状態で猛烈アタックを開始。彼女の方は慎重ながらも徐々に心を開いていき、「彼と一緒にいるととても楽しいです。このままいいおつきあいを続け

ていけたらいいですね」と、恥ずかしそうに報告をしてくれていました。

ところが、順調に〝仮交際〟が進み、お相手から〝真剣交際〟への打診があった頃、その女性が、硬い表情で面談にやってきたのです。

聞けば、前回のデートで彼は、何も言わずに手をつなごうとしてきたそうです。驚いた彼女が手を離すと、彼はこう言いました。

「恥ずかしがらなくて大丈夫だよ。さ、つなごう！」

そこで彼女が、まだそんな気持ちになれないことを伝えたところ、彼は呆れたような表情で、こう言い放ったそうです。

「えーっ、まだダメなの!? だって、僕たちはもう5回も会っているんだよ。手ぐらいつないでおかないと、〝真剣交際〟に入れないんじゃない？」

一連の対応に、彼女はショックを受けました。とはいえ、彼を好きな気持ちももちろんあるため、結局は迷いながらも〝真剣交際〟に入ったのですが……。「彼の歩調に、うまくついていくことができなそうです」と、すぐに交際終了の希望を出してしまいました。

お相手の男性は非常に未練を残していましたが、全ては後の祭り。彼女の気持ちが変わることはありませんでした。

彼は、手を解かれた時点でやめるべきだったのです。〝手を解いた〟は、「嫌」のサイン。しかも彼女は、それをはっきり言葉でも伝えているのです。にもかかわらず、強引に自分のペースで進めては、〝気持ちをわかってもらえない〟と思われて当然でしょう。

「100日結婚」のスケジュールだけに重きを置くならば、確かに私も、〝真剣交際〟に入る前、ちょっとしたスキンシップでお互いの距離を縮めるのはいいと思います。5回めのデートも、ちょうどいいタイミングだったことでしょう。

しかし、何度もお伝えしているように、それはあくまでお互いの気持ちがあってのこと。本章で私がお伝えする、女性の気持ちを読み解く方法も絶対のものではありません。しかし知っておけば、女性からのサインはぐっと読みやすくなるはずです。ぜひ、皆さんが女性の気持ちを知りたいと思った時などに、参考としていただければと思います。

女性がバッグをどちらの肩にかけるかでも、気持ちがわかる

まずは、行動を通して女性の気持ちを読み解くという、メインの方法からお伝えしていきましょう。わかりやすいもので言えば、〝ボディタッチ〟。2人が触れ合った時、彼女がどういう態度を取るか、というもの。

〝手をつなぐ〟も、ずっとつないでいてくれたら、それはいい兆候。しかし、手をつなぐことを断られたり、つないだ手をすぐ離されたりした時は、残念ながら、脈なしの可能性が高いでしょう。女性は、好きでもない男性から触れられると嫌悪感を覚えるからです。

もちろん、先にお話しした女性のように、まだ彼女の気持ちが温まっていないだけという可能性もありますが、6～7割は厳しい状況にあると思います。

先日、〝仮交際〟中のお相手に交際終了の連絡をした33歳の女性会員も、こんなことを言っていました。彼女がおつきあいをしていたのは、40歳の男性です。

「実はこの間のデートで、彼に言われて初めて手をつなぎました。そうしたら違和感どころかゾッとしてしまって。とはいえ、すぐにふり解くこともできず、そのまま歩いたんですけど……。信号が赤になり立ち止まったタイミングで、ショルダーバッグの中で携帯が鳴っているふりをしながら、手を解いてしまいました。

そして、さりげなくバッグを彼のいる側の肩にかけ直して、もう手がつなげないよう、ガードしたんです。申し訳ないとは思うけれど、それくらい嫌でした」

「可もなく不可もなく」のお相手と交際していた場合、触れ合って初めて、自分の気持ちに気づく女性は、少なくありません。

好きな人とは、いつまででも手をつないでいたいのが女性です。つないだ手をすぐに離した挙げ句、バッグでガードしてしまうほどの気持ちが、プラスに転じる日は恐らくやって来ないでしょう。

逆に言えば、よく恋愛マニュアルなどにもある、〝女性からボディタッチをしてくる〟は、やはり気持ちがあるというサインです。

例えば話をしている時に、「やだ、もう!」と言って軽く体をたたく。スマホの画面を見せて「これ、かわいくない?」などと言いながら、腕に触れてくるなど。

これは、気を許していない男性や嫌な男性には、決してしない行為です。特に婚活市場という真剣な場では、男性に対して慎重になる女性が多い。そんな中でも触れてくるとしたら、かなり好意があると見ていいと思います。


「嫌よ嫌よも、好きのうち」は、今の時代にそぐわない

そういう意味では、自然に接近できる機会を作り、彼女の気持ちを測る方法も有効です。

例えば食事の際、向かい合ったテーブル席ではなく、カウンター席に座ってみましょう。

カウンターであれば隣同士並ぶことになるため、物理的な距離が近くなります。

何度かデートをして、あなたとしては2人の距離が縮まったと思っていた。そこで、カウンター席に座り女性のほうへ身を寄せたのに、彼女がその分離れていったら……残念ですが、あまり芳しくない状況でしょう。しかし、そのままじっとしているなら、彼女のほうも少なからずあなたに気があるはずです。

以前、独身時代はプレイボーイで名を馳せた芸人さんからも、こんな話を聞きました。

「女の子と何度かデートして、〝そろそろ彼女を落とせるかな？〟というのを見極めたい時、僕は必ず、カウンター席がある店に行くんです。

そして、物を取るふりをしてわざと触れてみる。その時に女の子がビクッとしたら、まだ僕に心を開いていない証拠。だけど、びくともしなかったら——彼女はもう、僕のもの（笑）。帰りはその子の腰に手を回して、店を後にします」

もちろん、婚活市場で腰を抱くのはどうかと思いますが、カウンター席を利用して女性の気持ちを見極める方法は、決してハードルが高いものではありません。

例えばお醤油を取る時などに彼女に触れてみて、その様子を見極めればいいのですから。

「だけど、もし彼女が嫌がる様子を見せた時は、その後はどうやり過ごせばいいんですか？」

そんな心配をされる方がいるかもしれませんが、答えは簡単。拒否されたら引けばいい、ただそれだけのことです。

手をつないでいたのに、彼女が携帯を見るために手を引っ込めて、その後はつなぐ気配がない。それはもう、「つながないで」というサイン。すっと引く潔さを持ちましょう。

今の時代でもまだ男性の中には、「嫌よ嫌よも、好きのうち」などと考えている方がいます。しかし、それはもう通用しません。今の女性は、「嫌なものは絶対に嫌！」なのです。

女性がくれたプレゼントをネットで検索してみよう

女性のわかりやすい脈ありサインとしては他に、〝プレゼントをくれる〟というものがあります。私はいつも、相談所の女性会員にこんなアドバイスを送っているのです。

「お相手の男性が気に入ったら、〝いつもごちそうしていただいているから〟と、ちょっとしたお礼の品を持っていきましょう。

値が張るものだと逆に負担になるから、ささやかなものでいい。でも、相手のことを考えたものを選んでください。その小さなプレゼントが、お相手の心をつかむ大きな助けになってくれることがありますよ」

好きな男性にお礼の気持ちを伝えたい、喜ばれたい。そう考えて女性が持っていくプレゼントは、値が張らないといっても、決してコンビニで買ったお菓子などではありません。例えば、「朝ごはんは絶対に食べる」という彼には、並ばなければ買えない食パン。飛行機での出張を予定している彼には、機内で使う枕やアイピロー。女性たちは彼に一番喜ばれるプレゼントを一生懸命考え、手間暇をかけて用意しているのです。

ですからプレゼントをいただいたら、必ず次のデートで、お礼の言葉と共にその話題を出すことも大切です。

また、〝何をくれたのか〟も、女性の気持ちを知る大きな手がかりになります。プレゼントをもらったら、その包装紙や紙袋をインターネットで検索してみてください。

例えば、素朴な紙箱に入った最中をもらったとしましょう。さっさと包装紙を破って捨て、中身を見たあなた。

「最中か。箱に直接入っていると日持ちしないよな。個包装がいいのに、ムシャムシャ……」

そして食べて終了！　は、一番悪いパターンです。一度立ち止まり、なぜ彼女がそのプレゼントを選んだのか。その気持ちに思いを馳せてください。

一見普通に見えても、それは何週間も前に予約しないと買えない老舗和菓子屋の最中かもしれません。朝、早起きして並ばないと買えない販売個数限定の最中かもしれません。

女性の多くは、大事な人に何か差しあげる時は、必ずレアなものを探そうとします。それはそのまま、男性への気持ちの入り方と比例しているのです。

彼女が持ってきたプレゼントの価値は、値段や大きさでは測れない。そこには〝あなたのために〟と手間暇をかけた、強い気持ちがこもっているかもしれません。

そして、もしもその気持ちに気づいたなら、きちんとお礼を伝えましょう。

「この間もらった最中、予約しないと買えないんだね。大変だったでしょう。1つずつ、大切にいただいたよ。ありがとう」

その気づきは、あなたにとってもプラスに働きます。

「ずっと前から予約しておかないと、買えないんです」

「朝、うんと早起きして並んだんですよ」

そんなプレゼント購入の舞台裏・苦労話を、わざわざ自分から明かす女性はあまりいないはず。ましてや交際初期、出会って間もなければ、なおさらです。

しかし、それを言わなくても気づいてくれる男性の株は、間違いなく上がります。

お礼のプレゼントをいやらしい意味ではなくチェックしてみる。それで彼女の気持ちも読み解けて自分の評価も上がるなら、一石二鳥だと思いませんか？

自分がしてあげたいことを相手もしてくれたら、脈ありのサイン

これまでの章を通し、私が男性のみなさんに「気に入った女性にしてあげてほしい」とお伝えしてきたこと。それを女性もしてくれたなら、同じく好意の表れです。例えば……。

彼女が「あなたを友達に紹介したい」と言ってきた。
彼女からはいつもＬＩＮＥが早く返ってくる。
彼女は、以前、自分が話したことをちゃんと覚えてくれている、など。

『第3章』でも触れましたが、〝友達や家族に紹介したがる〟というのは、相手を自分のテリトリーに入れる覚悟を決めたということ。喜ぶべきサインです。

また、〝ＬＩＮＥの返事の早さ〟は、気持ちの大きさと比例します。

例えば〝仮交際〟で3人とおつきあいしていた場合、最初はみんなに同じ早さで返信をします。しかしそれが絞り込まれて1人が本命になると、必ず対応に差が出ます。本命には毎日の連絡を欠かしませんが、残り2人にはしなくなる。LINEが来ても、本命以外への返事は翌日になり翌々日になり……そして、交際終了へと向かっていくのです。

では、もともと返事が遅い女性の場合は、気にしなくてもいいかと言えば、それも違います。努力しないと距離は縮まらないのに、彼女はその努力を最初から放棄しているわけですから、むしろあなたへの思いは薄く、挽回は難しいでしょう。

女性が〝前に言ったことを覚えてくれている〟というのも、やはり男性と同じ。心をつかみたい相手でなければ、決してそんなことはしません。

〝自分がすすめたものを試してくれる〟なども、いい兆候。2人の会話を次につなげようとする努力は、大きな脈ありサインなのです。

婚活市場では相手に誠意や自分の気持ちの強さをアピールすることが大切とお伝えしてきましたが、裏を返せば女性だって同じこと。好きな相手には誠実でありたいし、気持ちを伝えたいし、心を込めた対応をしたいと思うものなのです。

交際初期、よほどの覚悟がない限り女性はスッピンを見せない

ここからは、私がこれまで女性たちに教えてもらったサインを、色々とお伝えします。

最初のサインは、〝お茶のおかわりをすすめられた時の対応〟。教えてくれたのは、32歳の女性会員でした。これは、お見合いなど初対面の席に多いサインのようです。

「先日お見合いをしたお相手が、会った瞬間に、〝あ、これはないな〟という方で。お話もすごく退屈だったんです。お茶を飲むくらいしか、時間をやり過ごす手立てが見つからなくて、あっという間に飲み終えてしまいました。

そうしたらその方が気づかれて、〝飲み物のおかわりは、いかがですか？〟と。私、早く帰りたくてお断りしたんです。

ところが、やっと1時間が過ぎて〝そろそろ帰れる！〟と思っていたら、その方がまた、〝おかわりはいかがですか？　僕も飲みますから〟。断りきれずにいただきましたが、まだこの席にいなければいけないのかと、気が重くなりました」

その男性ともっと一緒にいたければ、女性はどんな状況でも必ずおかわりを頼みます。断るのは拒否サインの可能性が高い。何度もすすめることは、避けましょう。

脈ありサインとして、〝前髪を触る〟を挙げた女性会員たちもいました。

ちょっと上目遣いで、指先で前髪をつまんで軽く直す――。そんな仕草を見たことはありませんか？　これは彼女たち曰く、好意の証。「やっぱり気に入った方には、少しでもかわいく見られたい」というのが、その理由です。

そのうちの1人で最近、〝真剣交際〟に入ったばかりの32歳の女性会員も、お見合いの席でお相手に会った瞬間、思わず前髪を直してしまったそうです。

「仕事の場で、取引先の〝おじさん〟の前だったら前髪は触らないです。〝おじさん〟にどう見られても、かまいませんから。……あっ、だけど、その隣にイケメンの男性がいたら仕事の場であっても、やっぱり前髪を触ってしまうかもしれませんね（笑）」

また、女性が誕生日をお祝いしてくれるのも気持ちがある証拠。既に成婚退会した37歳の女性会員は、誕生日のお祝いで旦那様の心をつかみました。

彼女のお相手は、アパレル企業に勤める39歳。おっとりした性格で容姿も悪くなく、婚活市場では人気のタイプでした。〝仮交際〟中の彼が、他の女性に取られないか気が気ではなかった彼女は、近く彼の誕生日があると知り、お祝いをしようと考えました。

まずは彼の誕生日午前0時きっかりに、ＬＩＮＥを送りました。そして、誕生日に一番近い週末のデートでは、ランチの後、「デザートで行きたいカフェがあるの」と彼を連れて行き、予約していたケーキで、サプライズのお祝いをしたのです。

　そんな彼女の心配りに感激した彼は、その後すぐ、彼女との〝真剣交際〟を決めました。


　そして最後にご紹介するサインは、〝スッピンを見せる場面に彼を呼ぶ〟というもの。

　このサインを教えてくれたのは、34歳の知人女性でした。

　婚活を始めたものの、なかなかこれという男性に巡り会えなかった彼女は、お見合いで今の旦那様と出会い、「この人と結婚しよう！」と心に決めたそうです。ところが〝仮交際〟へ進んだとたん、彼女は仕事中に怪我をして、入院してしまったのです。〝仮交際〟は始まったばかり。「入院で会えない」なんて理由は嘘に聞こえるかもしれない。気持ちを疑われたらどうしよう。そう考えた彼女は、思いきって彼に連絡をしました。

「実は怪我をして、○○病院に入院しているんです」

　当然、驚いた彼からは「すぐお見舞いに行きます」と返事が来ました。

　交際初期にスッピンや飾り気のないパジャマ姿をさらすことは、非常に勇気がいること。幻滅されたらどうしようかと緊張しながら、それでも彼女は「彼に疑われるよりは」と、正直にスッピンを見せることを選びました。

大げさな、と思われるかもしれません。けれど、女性誌で〝スッピン風メイク〟の特集が組まれるほど、女性はスッピンを見せることに抵抗があります。特に出会って間もない、交際初期などであれば、よほど男性に気持ちがない限りできないことでしょう。

この彼女のように、入院先にお見舞いへ行くことになった場合。あるいはデートの前に、「ものもらいができてしまったけど、見ても笑わないでくださいね！」とLINEが来る場合など。それはスッピンを見せても、会いたいという、本気サインなのです。

ちなみに先の彼女の場合、結果は全ていい方向へ進みました。たまたま病院でご両親と出くわした彼は、図らずも挨拶を交わすこととなり、その誠実さに打たれた彼女はますます彼を好きになり……。2人は100日を待たずして結婚を決めたのです。

婚活市場の女性は、3種類の〝建前発言〟を持っている

続いては、女性の発言の影に隠れている本当の気持ち――いわゆる〝本音と建前〟を紹介していきます。

婚活市場にいる女性たちは、感情の赴くまま男性に本音をぶつけるのではなく、建前としての言葉で話すことが、多々あります。「ストレートに伝えたら相手を傷つけるから」「男性からデートに誘ってほしい」「相手を喜ばせたい」など、その理由は様々です。

私の知人で婚活中の女性は、マスコミでバリバリ働くキャリアウーマンで35歳。男性の部下を従え、厳しい叱咤を飛ばすことも日常茶飯事です。そんな彼女が婚活市場の本音と建前について、こんなことを言っていました。

「私は、男性の部下が相手なら、かなりはっきり物を言うし、時には叱ることもある。それは彼らとの間に利害関係がないし、そのほうが彼らのためだと思うから。だけど、プライベートで自分がつきあいたいと思う男性が相手だったら、絶対にはっきり物を言うことはしないです。だってやっぱり、気に入られたいから」

そうした建前を言葉通りに受け取っていては、いつの間にかお相手と心がすれ違っていったり、勘違いして嫌われたり。そんな悲劇が起こりかねません。そうならないために、建前の発言に隠れた女性たちの本音を、代表的なものだけでも知っておきましょう。

ちなみに女性の建前発言は、おおよそ次の3種類があります。

- **好きな男性に対する建前発言**
- **〝可もなく不可もなく〟判定の男性に対する建前発言**
- **嫌いな男性に対する建前発言**

これらの代表的な建前発言を例に取りながら、女性の本音に変換してみましょう。

もっと〝好き〟を伝えたいからこそ、本音を言わないことも

好きな男性に本音を言わないのは、先のキャリアウーマンも言っていたように、「この先、おつきあいするかもしれない男性には気に入られたい」から。

そこで口にする建前は、悪意や計算から来るより、自分の感情をより大きな喜びや感謝の気持ちで彩って伝えたい。そんなポジティブな気持ちから来ているように思います。

また、〝デートに誘ってほしい〟などの要求を伝える時も、建前発言を使うことが多いようですが、これもやはり、好きな彼にどう思われるかを気にしてのこと。「ガツガツして、はしたないと思われないか」「恥ずかしい」などの気持ちから、本音が言えないのです。

そのように好意が言外に溢れる建前発言としてよく聞くものは、４つあります。

建前「こんなの初めて！」

↓変換

本音「初めてじゃないかもしれないけど、すごく嬉しいです！」

自分が計画したことや、連れて行ったレストランで、〝初めて感〟を出されると、嬉しいものです。男性の場合は特に、嬉しく感じませんか？　彼女はあなたが好きだから、最もあなたが幸せを感じる方法で喜びを伝えたい。そう考えて、建前発言を使うのです。

また、「今までお見合いをした中で、こんなに急速に好きになったことはないです」など、〝特別感〟のある言葉にも、大きな好意があると考えていいでしょう。

建前「（誕生日やクリスマスなどのイベント日に）何も予定が入っていないんです」

↓変換

本音「誘ってください！　一緒に過ごしましょう」

定番ですが、〝誕生日やクリスマスに予定がないことをアピールする〟のも気のあるサインです。大人になっても、やはりそういったイベントは特別であり、好きな人と過ごしたいもの。気になる男性がいて、その日に予定がなければ、女性は必ずアピールします。

建前「また誘ってくださいね」

←**変換**

本音「またあなたと会いたいです！」

〝また〟〝次は〟など、未来を感じさせる言葉は、大いに脈あり。男性に対して〝この人はない〟と判断した場合、女性は次の約束を期待させる言葉を口にしません。

建前「（どこかへ行った話などを聞いて）わあ！　それ、とっても楽しそう」

←**変換**

本音「あなたと一緒に行きたいです」

『第5章』で、婚活市場に駆け引きはないとお伝えしましたが、自分からデートに誘うのは、やはりガツガツ感が出てしまいそうで気になる、という女性は少なくありません。

これは、そんな女性たちからの精一杯のアピールです。あなたもその女性を気に入っているなら、すかさず「今度一緒に行きませんか？」と誘いましょう。

今後の関係がどう転じても対応できるよう、気遣いを見せる女性たち

婚活市場で出会った〝可もなく不可もなく〟という男性に女性が本音を言わないのは、おそらく気遣い、あるいはキープしておきたいという気持ちが働いてのこと。

例えば考えてみてください。もしも会社で、仕事をくれる立場のクライアントに不満を感じたとしても、あなたはズケズケとその不満や本音を言いますか？　恐らく、忖度や気遣いが働き、言わないほうが多いはずです。

この場合の建前発言は、それと似ています。今はキープの状態であっても、今後の関係がどう転じるかがまだわからないため、本音を出すことを控えているのです。

正直、あまりいい状況ではありませんが、多少の可能性は残っている——。そんな時、女性が抱えている本音とは、どのようなものでしょう。例として、次の3つを挙げました。

建前「すごいですね！」

↓変換

本音「とりあえず言っておこう」

〝あいづちのさしすせそ〟にも出てきた言葉であり、時に感情がこもっている場合もありますが……。女性は、男性の発言に対して条件反射のように、つい「すごいですね！」と言ってしまうことがあります。ですから、言葉につられて単純に喜んではいけません。あなたのどんな発言に対して出てきた「すごいですね」なのかを、しっかり考えてください。

建前「休日は習い事があって……。平日であれば、会えます」

↓変換

本音「休日は、本命の男性と会うことになっています」

婚活中の女性が、1日中デートできる休日を習い事に費やすことは、基本的にあり得ません。残念ながらこの発言の裏には、「休日はお見合いの予定がある」あるいは、「本命の男性と会う約束をしている」という意思を反映したケースが多いでしょう。

しかし微かな希望ではありますが、この場合、〝平日であれば〟と会う意向も同時に見せているのです。そのため、デートで楽しい時間を共有でき、まめな連絡を重ねて行けば、挽回のチャンスが望めるかもしれません。

建前「(何かに誘われて)行けたら行きますね」

↑変換

本音「たぶん行かないです」

恐らく、お誘いの場に彼女が行くことはないでしょう。しかし、後で出てきますが、女性が本当にその男性との未来はないと考えていたら、「その日はダメ」という断り方をするもの。それに対し、ここでは〝行けたら〟とワンクッション置く気遣いを見せています。

また仕事の場の例となり恐縮ですが、あなたが職場の飲み会に誘われ、気が乗らなかったとしましょう。しかし、今後の関係を考えれば、「行きたくないです」とはっきり答える人は少ないはず。それと同様、非常に低い可能性ではあっても女性は、〝今後の関係が全くない〟と考えているわけではないのです。

二度と会わない男性との間に、わざわざ波風を立てる必要はない

〝この人はない〟と思った男性にまで、なぜ女性は本音を言わないのでしょうか。その理由は、大人としての気遣いというのが1つ。もう1つは、今後会うことのない男性だからこそ、わざわざネガティブな発言をする必要がないのです。

婚活市場で出会い、共感できなかった男性は今後、結婚相手にはもちろん、友達にもなりません。つまり、基本的には一生会うことのない男性なのです。

そんな相手にわざわざネガティブな本音をぶつけても、お互い不愉快な気持ちになるだけ。「ウマが合わないと思ったら、そっとお別れをすればいい」ということです。

建前「そのうち、行きましょう」

↑変換

本音「絶対に行きません」

〝そのうち〟は永遠にやって来ません。具体的な未来が見えない約束は、期待して待っていても無駄なこと。同じような建前として、「今、仕事がバタバタしていて。落ち着いたら連絡します」というものがあります。諦めて、次の女性を探しましょう。

建前「○○さんは、真面目ですよね」

←変換

本音「○○さんは、面白味がないですね」

まれに本当の褒め言葉である場合もありますが、大抵は、あまりいい意味で使われないようです。類語として、〝いい人ですよね〟という建前発言もあります。この言葉を真に受け、気に入ってもらえたのだと勘違いしてしまうと、痛い目を見ることになります。

建前「その日はダメなんです」

←変換

本音「どの日もダメなんです」

何かに誘ってお断りをされた時は、彼女が代案日程を出してくれるかどうかが、キモとなります。「その日はダメだけれど、この日なら」と言ってくれるのであれば、理由はともかく、本当にその日は難しいというだけ。しかし、そこに代案日程がなければ、「あなたとの約束は、どんな日であってもお断りします」という意味になるのです。

ここではいくつかの建前を本音に変換させていただきましたが、男性は、女性が発する言葉だけに頼ってはいけません。

それがどれほど耳に心地よい褒め言葉でも、逆にどれほど何気ない発言だったとしても、彼女の行動や表情、あるいは声のトーンから、その本音は滲み出ているものなのです。

それをしっかり見極められれば、自ずと彼女の気持ちは見えてくると思います。

第6章 理解度チェックシート15

□自分の物差しで、相手の気持ちを決めつけない

□つないだ手を離し、つなぎ直す気配がないのは脈なしサイン

□カウンター席でわざと触れてみて、相手の気持ちを見極める

□「嫌よ嫌よも、好きのうち」ではなく、「嫌よ嫌よは、絶対に嫌」と心得よ

□女性からのプレゼントをネットで検索すると、彼女の気持ちが見えてくる

□自分がしてあげたいことを女性もしてくれたら、好意の証

□交際初期で女性がスッピンを見せるのは、本命の男性のみ

□誕生日をお祝いしてくれる女性は、相手に気持ちがあると見て大丈夫

□女性が男性の前で前髪を直したら、「あなたが気になります」のサイン

□ 初対面の席では、何度も飲み物のおかわりをすすめてはいけない
□ 女性の言葉に〝初めて感〟や〝特別感〟が滲んでいたら、脈がある
□ 安易な「すごいですね！」は、ただのあいづちの可能性がある
□ 女性は男性をキープするため、〝気遣い〟の建前を言うケースがある
□ お誘いを断られた時、代案日程がなければ諦めたほうがよい
□ 言葉だけに頼らず、女性の行動と表情から気持ちを測るべし

第7章

身だしなみを整えれば成婚率は「120％UPする」

食事の仕草から、男性の〝育ち〟を推理する女性たち

この本も、いよいよ最後の章となりました。ここで皆さんに学んでいただくのは、婚活市場における、正しいマナーと身だしなみ。「男性が女性からお断りされる原因ワースト3」の第3位、「マナーや身だしなみに問題がある」を解決するための手段です。

食事をしている時の仕草や身につけている服など、目に見えるところはアラが目立ちやすく、お断りの原因となりがちです。

しかし、性格などは直そうと思って直せるものではありませんが、目に見える部分というのは、むしろ直すことが容易。例えば、箸の持ち方は練習すれば変えられますし、シワのスーツもアイロンをかければパリッとするのです。

この章ではまず、マナーについてのお話をした後に、身だしなみについて色々とお教えしていきたいと思います。

婚活市場にいる男性たちのマナー問題はよく耳にしますが、中でも一番女性が気にしているのは、食事のマナーでしょう。初めてのデートはたいてい食事に行きますから、どうしても目がいくのです。

また、食生活は一緒に暮らしていく上で大きな比重を占めるので、食卓でのマナーが悪いと、非常に幻滅されてしまいます。

特に嫌われるのはやはり、〝音を立てながら物を食べる〟というもの。次いで箸の持ち方が変、口に食べ物を入れたまま話していた、などのクレームもよく耳にします。

食べ方が汚いのも大きなマイナス。例えば魚の骨やオリーブの種など、一度口に入れたものを外へ出す場合は、口元に手を添えるのが常識ですが、それができておらず、一緒に食事した女性が不快だったと、お断りをされてしまった方もいらっしゃいました。

食べ方のマナーは国の文化や育った環境によって正解が異なるため、一概に「これが正しい」とは言えないのですが、食事のマナーが原因でお断りをされたら、自分の流儀を押し通そうとしても、理解されることは難しく、育ちが悪く見えてしまうだけ。「100日結婚」を成功させたいなら、素直に直す努力をするほうが賢明です。

他に食事時のマナーとしては、取り箸と直箸どちらにするべきか、ということも女性たちからはよく聞きます。〝仮交際〟中だった32歳の女性会員が交際終了の連絡を入れてきた時も、こんなことを言っていました。

「今日、居酒屋さんでお食事したのですが、彼は取り箸があるのに、全部直箸でお料理を取っていたんです。それが、とても気になりました」

〝真剣交際〟に入った後などで、既にお互い気持ちが育っていれば、直箸で料理を取られても気にしない女性は多いでしょう。しかし、まだ出会ってから日が浅い場合は、食事をシェアする際、直箸で料理を取り合うことに抵抗があるかもしれません。〝仮交際〟の段階では特に、男性のほうが気を遣ってあげてください。

まずは女性に、「取り箸をいただきましょうか?」と尋ねてみるといいと思います。気にしないと言うなら構いませんが、そうでなければ、テーブルのカトラリーボックスから1つシェア用の取り箸を用意するか、店員さんに取り箸をいただくのです。

すると女性の中では、「気の利く男性だな」とあなたのポイントも上がるでしょう。

時々、気を利かせたつもりで逆さ箸(大皿から料理を取る際、箸を逆さまにして使うこと)をする方がいます。しかし、それだと手に触れていた部分が料理に入ってしまうため、嫌がる女性も少なからずいらっしゃいます。素直に取り箸をもらうほうが無難でしょう。

先日もある食事の際のマナーが原因で、女性会員が交際終了の連絡をしてきました。

彼女は32歳。37歳の男性と〝仮交際〟に入り、初めてのデートで中華料理を食べに行ったそうです。「好きなものを頼んでください」と言われた彼女は、2人で色々シェアしようと、お料理を注文していきました。そして一通り彼女がオーダーを終えた後、彼があるものを追加で注文したのです。

「それから、カニチャーハン」

そして運ばれてきたお料理を彼女は甲斐甲斐しく取り分け、2人は食事を楽しんでいたのですが……。カニチャーハンが運ばれてきた時、事態は驚きの展開を迎えました。なんと彼は断りもなく、そのお皿を自分の前に引き寄せ、1人で食べ始めたのです！　そして、あっという間に平らげてしまったのでした。

その中華料理のレストランを出てすぐ、彼女は交際終了の連絡を入れてきました。

「よほどカニチャーハンが好きだったのかもしれませんが、一緒に食事をしている私に、何も言わず1人で当たり前のように平らげるって、どうでしょうか？

この方と結婚したら、きっと今日のカニチャーハンみたいに、何でも自分が好きなことを優先するはず。そして、家族のことなんて全然考えないいんだろうなと思ったんです」

その男性がどれほどカニチャーハンを好きだったとしても、これはマナー違反。おまけに彼女には一言の断りもなく、自分だけで食べてしまうなんて言語道断です。

食事の際、料理をシェアできない男性の話は、女性会員からちょくちょくクレームとして上がってきます。レストランの種類にもよりますが、女性と食事へ行くことになり、それが居酒屋や大皿料理のお店であるならば、どれほど好きな料理でもシェアして食べること。それが礼儀というものです。

婚活市場では、食べ方はもちろん、オーダーの仕方に至るまでが見極めの対象となります。食事をする姿からは、その人が育ってきたバックグラウンドが透けて見えるものですし、「結婚したらどんな夫になるのか」と、その人の性質まで評価されてしまうのです。

男性たちには、食事時の仕草や態度で、一緒に食事をしている女性に不快な思いをさせていないかどうか、先回りして考える癖をつけていただきたいと思います。

会計時、先に女性を店の外へ出すと婚活成功率は上がる

続いては、デートの際のエスコートについてのお話です。婚活市場にいる男性は、一度マナーの本を読んで、書いてあることは一通り頭に入れておくといいでしょう。

お店に入る時は女性を先に入れること、ドアは男性が開けて押さえてあげること。そういった一般的常識はもちろん、ちょっとしたところで、女性に「この男性は気が利く方なんだな」と思っていただけるコツを、たくさん仕入れることができるはずです。

例えば女性とエスカレーターに乗る際、どちらが先に乗るべきかご存じですか？　男性の場合、上りでは後に乗り、下りでは先に乗るのが正解です。これは万が一、女性が転んで落ちそうになった時、男性が支えてあげられる位置にいる、という意味があります。

他にも、テーブル席では女性を奥側の上座に座らせる、歩く時、男性は車道側を歩き、女性の歩く速度に合わせるなど。

どれも些細なことですが、知っているのと知らないのとでは、評価に大きな差が出ます。男性が実践すれば必ず女性はそれに気づき、好感ポイントを加算していくのです。

また、恐らくマナーの本には載っていないと思いますが、婚活市場において、男性がもっとも気を遣わなければならないのが、お会計時の支払いマナーです。支払いをスマートにこなせるかどうかが、婚活の今後を大きく左右すると言ってもいいでしょう。

最もやってはいけないのが、会計の際、女性を後ろに立たせたままにしておくこと。男性が支払う姿をずっと見ていることは、気持ちのいいものではありませんから。

ましてやその際、男性がクーポンなどで割引交渉でも始めたら、女性はいたたまれない気持ちになるのです。実は先日も、お見合いしたその足で、プリプリしながら私の事務所へ駆け込んできた、42歳の女性会員がいました。

「今日、私がお見合いした方はお断りでお願いします！　お会計になって〝僕がごちそうしますよ〟と言ってくださったところまではよかったのですが……。

レジでお会計をする際、何も声をかけてくださらなかったので、先にお店を出るのも失礼かしらと思って、私はずっと後ろで待っていたんです。

そうしたらその男性、キャッシュレス決済だとポイントがつくとわかった途端、レジの前で、どうすればよりポイントがつくか、延々と店員さんに相談し始めたんです！

その相談の間、私は彼の〝連れ〟として一緒にいるわけです。恥ずかしくて、〝2人分まとめて、私が払います！〟という言葉が、喉まで出かかりましたよ」

これは極端な例ですが……。男性がごちそうをする場面では、できるだけ女性に気を遣わせることなく、会計を済ませなければいけません。まず、レジの前に立ったらお財布を出す前に女性に声をかけましょう。

「大丈夫ですよ。ここは僕がごちそうするので、外に出ていてください」

お会計がテーブルチェックなら、そこまで気にする必要はないでしょう。しかし、帰り際、女性が席を外している間に支払ってしまうなどの方法を取る方もいます。

マナーというのは気遣い、一緒にいる方に心地よく過ごしていただくためのものです。男性はそのことを忘れずに、女性をエスコートしていただきたいと思います。

〝お見合い専用〟として1着、スーツを購入しよう

続いては、身だしなみについてのお話です。身だしなみを整えるのも、マナーの一つ。まずは、服装の部分から考えていきましょう。

婚活市場で女性に好印象を与えたいと思うなら、やはり服装には気を遣わなければなりません。と言っても誤解しないでいただきたいのですが、服装に気を遣いましょうとは、おしゃれをしましょう、ということではありません。

例えば、もう10年以上着ていて袖口はボロボロだけれど、高級なハイブランドのスーツを着ている男性。一方、高くはないけれど新しく、きちんと体形にフィットした、スーツ量販店のスーツを着た男性。その2人を同時に見た時、女性はどちらに好印象を抱くと思

います か? 後者ですよね。それが、服装に気を遣うということです。

婚活アプリや知人の紹介はその限りではありませんが、お見合いや婚活パーティの場合、初対面ではスーツが必須です。その場合、どのようなスーツを着ていけば、より好感度を上げることができるのでしょうか。

何より大切なのは、体形にきちんとフィットしたスーツを着るということです。そこで私はいつも、男性会員にはお見合い用のスーツを1着購入するよう、すすめています。スーツが1着になれば、着ていくものに迷うこともなくなりますし、〝お見合い専用〟とすれば会社には着ていかないため、汚れることもない。非常に効率がいい方法と言えます。

そのお見合いスーツは先の例にも出しましたが、高いものでなくて構いません。スーツ量販店で販売しているような、3万円前後のセミオーダー・スーツでいいのです。逆に、「勝負スーツにするぞ!」などと意気込んで高いスーツを作ると、もったいなくて着られない、などという悲劇を招きかねません。実際、私の相談所にも、そんな男性会員がいます。

その男性は37歳で、趣味は筋力トレーニング。あまり上背はないのですが非常に肩幅が発達していて、既製スーツは体に合いません。肩幅に合わせると、どうしてもサイズの大きなスーツしか着られなくなってしまうのです。

一度、そんなスーツでお見合いに行ったところ、お断りの連絡と共に、お相手の仲人さんからこんな指摘を受けてしまいました。

「あの男性、お見合いにダボダボのスーツを着てきたらしいの。女性会員は、それがすごくみっともなく見えたと言っていたわ」

それを聞いた彼は、「婚活のために、勝負スーツを作ろう！」と決心しました。そして、銀座の老舗テーラーで生地から選び、50万円近くするスーツをオーダーで作ったのです。

やがて彼にぴったりの、とても素敵なスーツが出来上がってきたのですが……。

いざ出来上がったスーツを見た彼は、もったいなくて着られなくなってしまいました。お見合いの席でお茶をこぼすかもしれない、汗じみがついたらどうしよう？　あれこれ考えているうちに、次のお見合いの日を迎えた彼は、私に言いました。

「あれは結婚が決まってから、お相手のご両親に挨拶へ行く時に着ようと思います」

それから3年。彼は今も、いつものスーツで婚活をしており、あの素敵なオーダーメイドのスーツは、いまだ日の目を見ていません。

ネクタイについた食べこぼしのシミは、婚活市場では致命的

また、スーツについての質問でよく聞かれるのが、選ぶべき色について。これは皆さん、ご自分に似合う色を選ぶのが一番いいと思います。

ただし、色味の選び方には注意してください。例えば、明るい青のスーツを着ていると、明るい男性に見られます。しかし、その〝明るい青〟も、一歩間違うと安っぽく見えてしまう。また、グレーの場合も少し光沢があるとおしゃれに見えますが、沈んだグレーだと陰気な印象を与えたり、年齢より老けて見られたりするのです。

自分に似合う色がわからないという方は、お店で店員さんに「こういうシーンで着るスーツを探している」と伝えて、アドバイスをもらうといいでしょう。その時、スーツに合わせてネクタイを選んでいただくのもおすすめです。

ちなみに、ネクタイは、定番の色や柄を選んでください。奇抜な色や、あまりに個性的すぎる柄は、〝こだわりの強い、面倒な人〟という印象を与えかねないのです。

さらに食べこぼしなどのシミにも注意を払っていただきたいと思います。

以前、私の相談所に40歳の男性が入会し、プロフィール用の写真を撮影することになり

ました。撮影当日、男性には予備を含め3本のネクタイを持ってきてもらったのですが……。なんと、そのどれにも食べこぼしのシミがついていたのです。

「それほど目立たないから、大丈夫だと思います！　これで撮っちゃってください」

男性はそう言いましたが、これは〝大丈夫〟ではありません。私はカメラマンさんにお願いし、撮影スタジオに置いてあったネクタイを急遽お借りしました。男性はそれに締め直して撮影をしたのです。

ネクタイのシミは、婚活市場では致命的。女性は、そういった細かなところまでチェックをしています。そして、一滴でもシミを見つけようものならこう考えるでしょう。

「この人、すごく食事の仕方が汚いんじゃないかしら。それに、つけたシミをそのままにしておいて平気でいられるって……。すごくいい加減な人なのかもしれないわ」

そうして男性に〝だらしない人〟という判定を下し、お断りの連絡を入れてくるのです。

また、お見合いのネクタイを仕事で使うネクタイと共用にすると、ランチタイムなどでシミをつけてしまう可能性が高くなります。そのため、できればネクタイもスーツと同じく、お見合い専用を1つ用意するようにしてください。

〝お見合いにリュック〟も、お断りの原因に

結婚相談所で婚活をしている方も、2回目以降のデートでは、スーツ以外の服装で会う方が多いでしょう。また、婚活アプリや知人の紹介で女性と出会う場合は、初対面の席からスーツを着ない方もいらっしゃいます。

では、婚活市場におけるスーツ以外の服装、いわゆる〝私服ファッション〟はどのようなものが好ましいのでしょうか。

私としてはやはり、初対面もしくは交際初期の〝私服ファッション〟は、スーツに準じたもの。つまり、シンプルなジャケットとパンツというスタイルをおすすめします。

変に凝っていない、シンプルなものを選んでください。例えばベージュのチノパンツに白いシャツやストライプのシャツを羽織るなど。おしゃれに自信がない人こそ、流行やおしゃれ感を追わずに平均的な服を選ぶほうが、失敗しません。

男性会員の中には時々、デートの前、ファッションなど流行に詳しい男友達に頼んで、服の買い物につきあってもらった、などと言う方がいらっしゃいます。しかし、そうして買った服を身に着けた写真を見せてもらうと……。

白いジャケットや白いパンツなど、本来はおしゃれなはずのアイテムが、どこか浮いて

見え、しっくりこない。

流行のサコッシュも、今っぽく持ち手を短くして肩からかけているのに、なぜか昭和の駅員さんのような、懐かしい風情を感じさせている。

〝服に着られている〟とはよく言ったもの。本人が着慣れない服を着ていると、見る人にどこかしら違和感を感じさせるものなのでしょう。やはり、よほどおしゃれに自信がある方でもない限り、シンプルでノーマルな服を選ぶのが無難のようです。


また、服装にまつわるマナーという部分では、TPOもきちんと考えていただきたいと思います。例えば、先ほども触れましたが、婚活市場の中でもお見合いは特にフォーマルな場であり、スーツを着なければなりません。

ところが、そこに元々はアプリで婚活をしていた男性が入ってくると、アプリでの出会いの流儀のまま、非常にラフな格好でお見合いに臨む方が少なくないのです。すると、そのラフな格好の男性を見て、女性はこう考えます。

「なぜスーツじゃないのかしら？　もしかして、私とのお見合いに手を抜いている？」

先日も、お見合い相手の服装がTPOをわきまえていなさすぎると、お断りを入れてきた30歳の女性会員がいました。彼女の言い分は、次のようなもの。

「今日のお相手、高級ホテルのラウンジなのに、リュックを背負ってきたんです。おまけに脇ポケットには、水筒まで差していて。〝これから登山ですか？〟と言いたくなっちゃいました。〝リュックは両手が使えて、便利ですよ〟って、確かに通勤なら便利かもしれません。でも、高級ホテルで両手を使うって……彼は何をするつもりなんでしょう？」

スーツに限らず〝私服ファッション〟に関しても、あまりにカジュアルすぎるもの――短パンや派手なスカジャン、古着など――は、婚活市場というＴＰＯに合っていないと考える女性が多いので、避けるようにしてください。


「婚活って、結構ファッションの縛りが多いんですね。自分らしく好きな服を着ていたら、いけないいんですか？　それでも好きになってくれる女性もいると思うんですよね」

そんなことを言う方がいるかもしれません。確かに、そういう女性もいるでしょう。しかし、婚活市場でそこまで、服装で〝自分らしさ〟を主張する必要があるのでしょうか。

シンプルできちんとした格好を好む女性が多い場所で、個性的な服が着たいと主張することは、何の得にもなりません。その女性たちに好かれるためにその場にいるのなら、尚更です。そんな場でも頑張って、しなくてもいい主張をする人というのは、「頑固な人」にしか見えません。そんな男性をわざわざ結婚相手に選びたい女性は、いないのです。

「この間会った方、〝僕、スーツを100着以上、オーダーで作っているんです〟って、やたらと仕立てのいいスーツを着ていて、怖かったです」

「今日のお相手はすごくおしゃれでしたけど、〝服に匂いが付くのが嫌だから、焼肉には絶対行きません〟ですって。結婚したら大変そうだと思いました」

女性会員たちからは幾度となく、そんな〝頑張る男性〟の話を聞いています。結婚というのは、お互いに譲り合い、解け合うもの。「僕はこれが絶対だ！」と頑なになれば、せっかく結婚するために婚活市場に入ったはずが、逆に結婚を遠ざけてしまうでしょう。

そもそも、服を着る場所は、婚活市場だけではないはずです。どうしても好きな服が着たければ、別の場で着ればいい。例えば、自分だけの趣味の時間に、好きな服を着て、好きな服を買いに行けばいいのです。

服のシワから、男性の普段の生活が透けて見える

服装にまつわる〝清潔感〟についても知っておいていただきたいと思います。

衣類の毛玉や毛羽立ち、シミや黄ばみなど……。あまりに使用感のある服は、着る人をケチくさく見せたり、不潔に見せたりします。

服だけでなく小物の使用感も同様です。例えば、カバンの持ち手がボロボロであったり、靴のカカトが異常にすり減っていたりするのも、女性にはいい印象を与えません。カットソーやスウェットなどは一度着て洗濯しただけでも、毛羽立ちや色味の変化があるため、気合いを入れたいデートならば、真新しいものをおろすのもいいでしょう。

また、服装がかもす清潔感というところでは、シワにも十分注意をしてください。実は先日、34歳の女性会員がお見合いのお断り連絡を入れてきました。

彼女が出会ったのは42歳、バツイチの男性。とてもハンサムな方だったそうです。夜のお見合いだったため2人が会ったのは、夜景のきれいなホテルのバー。彼のエスコートは完璧でした。座席の位置は、夜景がちゃんと見える側へ誘ってくれる。会話の振りや話題

のセレクトもセンス抜群。彼女の飲み物の減り具合チェックも抜かりなし。キャンドルライトが優しく揺らめくバーで、ロマンチックな雰囲気にうっとりしながら――。既に、女性はその男性とのお見合いは、お断りしようと固く心に決めていました。

「実はその男性、スーツがありえないくらい、シワクチャだったんです。〝一体、彼に何があったんだろう?〟と思ってしまうほど。紙をぐちゃぐちゃに丸めた後で広げてみた、といった感じのシワ感でした」

帰り際、廊下で改めてそのシワクチャなスーツを見た時、彼女は一緒に歩くことすら恥ずかしく、「駅まで送る」という彼の提案を固辞し、挨拶もそこそこに帰ったそうです。

「どんなに素敵な会話ができても、エスコートが完璧でも、あのスーツのシワは常識を超えていました。〝普段、どんな生活をしているんだろう?〟と考えたら怖くなって、お断りしてしまったんです」

実は私も先日、相談所に入会したばかりの男性に同じことを感じたばかりでした。

その男性は29歳。やはりハンサムで身長も高く、学歴もお勤め先も素晴らしい方です。普通であればモテて仕方がなさそうなのに、小学校からずっと男子校で、女性とおつきあいした経験は、ほぼないとのことでした。

「あなたが学生時代に恋愛に目覚めていたら、世界は変わっていたでしょうね」

思わずそう言ってしまうほど素敵な男性だったのですが……。彼もやはり、着ている服がシワクチャだったのです。しかも、2回会ったうちの、2回とも。

そのシワを見て、私がまず思ったのは、「きっと、彼の部屋はぐちゃぐちゃで汚れているのだろう」ということでした。

家へ帰っても、服は洗濯されることはおろか、ハンガーにかけられることすらなく、その辺に放り出されたまま。そして部屋には、服だけではなく、食べ物や雑誌、郵便物からゴミまでが散乱しているに違いない。そんな想像をしてしまったのです。

これは、私だけが特別に想像することではありません。おそらく婚活市場でシワクチャな服を着ている男性に対して、女性は全員、そんなだらしない生活ぶりを想像することでしょう。挙げ句、彼の評価はこのようになります。

「この人は生活だけじゃなく、お金やいろんなところにもだらしがないのかもしれない」

もちろん、忙しくて部屋が散らかってしまうことなど、男性にはよくあることでしょう。逆に、きちんとしすぎている人のほうが結婚したら大変、ということもあるくらいです。

しかし人に会う予定がある時ですら、ましてやお見合いという、その後の人生を左右するほど大切な場所にすら、シワクチャのスーツを平気で着てきてしまう。そんなだらしなさでは、どれほど話が楽しくても見た目がタイプでも、決して相殺はできないのです。スーツのシワは、あなたの後ろにある生活ぶりを女性に想像させます。そのことを胸に刻みつつ、服にはしっかりとアイロンをかけてほしいと思います。

女性と会う際は、できるだけ〝無臭〟であるのが理想

服装以外の身だしなみでお断りの原因になりやすいのが、臭いの問題です。「変な臭いがした」などと言われてお断りされる男性は、少なくありません。特に、汗の臭いや口臭、タバコの臭いが嫌われるようです。

汗をかきやすい体質で自分の臭いが気になる方は、女性との待ち合わせ時間より早めに現地へ向かい、直前にトイレなどでデオドラントシートを使いましょう。首回りを拭うだけでも、かなりスッキリするはずです。

また、汗の臭いは衣類にも染み込みやすいため、注意が必要です。着た服は必ず洗濯をする。あるいはスーツなど洗濯できない素材の場合は、こまめにクリーニングに出すか、

抗菌消臭ミストを使ってください。

時々、そういった汗の臭いを消そうとして香水を使う方がいますが、香水は避けましょう。軽薄な印象を与える可能性があります。それに香りは、人によって好き嫌いもありますし、香水が苦手という女性も少なくありません。女性と会う時は、できるだけ無臭の状態でいるのがいいかと思います。

また、タバコに関しては、婚活市場において喫煙者は非常に不利な立場にあります。それは臭いにとどまらず、健康にも及ぶ問題であるからです。通常のタバコに限らず、電子タバコも同様に敬遠されると考えてください。

ただ、タバコは嗜好品でもありますし、すぐにはやめられないという方もいるでしょう。そういった方は早めに喫煙者であることをお相手に告白し（お見合いの場合は、プロフィールに喫煙者か否かも掲載されます）、せめて臭いには注意してください。口臭は言わずもがな、服などからタバコの臭いがすることもお断りの原因となります。

さらに女性からの身だしなみチェック事項には、しばしば〝男性の爪の状態〟も入っています。爪が伸びている、爪の間にゴミが入ってしまっているなどは、非常に不潔な印象を与えます。きちんと整えておきましょう。

肩に積もったフケも、女性にとっては嫌悪の対象です。体質の問題もあるため一概には言えませんが、単に不精で入浴が面倒、という男性は心を改めてほしいもの。当然のことですが、女性と会う前日か当日の朝にシャンプーをするなど、清潔感を出しましょう。

また、鼻毛に関してもきちんとケアをしておくようにしてください。つい先日、39歳で高学歴高収入、いわゆる〝婚活市場では人気〟の男性がお見合いをしたのですが、なんとお断りをされてしまったのです。お相手の女性から来た理由は、次のようなものでした。

「すごくいい方だとは思うのですが……。鼻毛が出ているのがお見合いの間中ずっと気になってしまって。彼が何をお話しされても、全く頭に入って来なかったんです」

どれほどスペックがよく高収入でも、1本の鼻毛が命取りになることがあるのです。


さあ、食事やエスコートのマナーから、服装・清潔感など身だしなみの部分まで、色々とお話をしてきました。

面倒だな、うるさく色々とあるんだなと思われた方もいらっしゃるかもしれません。

しかし、マナーも、そして身だしなみを整えるのも、相手への気遣いや思いやりからする行為なのです。あなたと一緒にいる女性に気持ちよく過ごしてもらうためには、努力が必要であることを忘れないでください。

また、身だしなみについてはトータルで考えることが大切です。

どんなにいいスーツを着ていても、シワクチャでは意味がありません。誰もが羨むハイブランドのバッグも、使い古してボロボロではアピールになりません。私服が爽やかに決まっていても、汗くさければ全てが台無しになってしまうのです。

洋服や小物は、あなたを素敵に見せる演出を手伝ってはくれますが、それを生かせるかは、あなた次第なのです。

どこか突出して優れている必要はありません。トータルで〝平均〟を目指しましょう。

目指せ100日結婚！

第7章 理解度チェックシート15

□ 食事のマナーで最も嫌われるのは〝音を立てて食べること〟
□ 食事の仕草から、女性は男性の〝育ち〟を推理する
□ まだ出会って間がない食事では、直箸は避ける
□ 婚活市場に入る際は、一度マナーの本を読んでおく
□ レジで会計する際は、女性を後ろに立たせたままにしないこと
□ お見合い専用のスーツを1着購入するべし
□ ネクタイについたシミは、婚活市場では致命的と胸に刻む
□ おしゃれに自信がない人ほど、〝私服ファッション〟はシンプルを選ぼう
□ 服にこだわりすぎる人は「頑固そう」と敬遠される

□服にシワがあると〝全てにおいてだらしない人〟と思われる可能性がある

□汗かきの人はデートの前にデオドラントシートで汗を拭うべし

□婚活市場で香水の使用は避け、できるだけ無臭を心がける

□女性に会う前、爪・鼻毛・フケには最大限の注意を払う

□婚活市場で喫煙者は絶対的に不利である

□マナーや身だしなみを整えることは、相手への思いやりと心得よ

おわりに

「結婚できる人って、どんな人ですか？」

私が「100日結婚」のお話をすると、そう聞いてくる方がいます。

容姿が優れている男性でしょうか。

いいえ。容姿が婚活を少々後押しすることはあっても、結婚〝できる〟〝できない〟に直接関係はありません。

街中やスーパーや行楽地にいる家族連れを見てください。モデルや芸能人のような美男美女のカップルや親子連れはいないはずです。

では、条件が素晴らしい男性でしょうか。

いいえ。先日ちょうど、高学歴で年収2000万円の男性が、交際終了がどうしても納得できないと、私に電話を入れてきたばかりです。条件がよければ、お金があれば、結婚ができるというわけでもないのです。

では、どういう人が結婚できるかといえば、答えは1つ。

諦めずに婚活を続けた人が、結婚ができるのです。

婚活にかける時間や期間は、人それぞれです。

始めたとたんに、ビギナーズラックでお相手を見つけて結婚していく人もいます。ところが、出会っても、出会っても、それが結婚に結びつかない人もいます。そうなると、とたんに婚活が苦しくなります。いつお相手に出会えるか、わからない。先の見えないブラックボックスの中でもがいているような感覚になります。あるいは上がりの見えない双六《すごろく》でずっとサイコロを振り続けているような気持ちになります。

例えば受験や資格試験であれば、「この日まで頑張ればいい」とゴールが見えていますし、頑張れば頑張った分、結果を出すことも可能です。

しかし、婚活には〝ここまで頑張れば、必ず結婚相手に出会える〟という期限や保証はなく、〝頑張り〟が全ての結果につながるものではないのです。

そのため、道半ばにして諦めてしまう人は、少なくありません。諦めてしまえば、そこで終了。「婚活は辛いものだった」が、その人の婚活に抱いた感想となってしまいます。

けれど、そこで諦めず前向きに歩を進め、結婚までたどり着いた人は、全く違った景色を見ることになります。出会ったパートナーとの日々に幸せを感じたり、授かった新しい命を抱きしめたりしながら、「婚活をしたから、今があるのだ」と、苦しかった婚活の経験すらも、幸せになるためには必要不可欠だった道のりとして受け止められるのです。

誤解を恐れずに言いましょう。

結婚とはいいものです！

パートナーと意見を違えて喧嘩をしたり、子どもが言うことを聞かず叱りつけたりしながら、人は自分の思い通りにならないことを、家庭という社会で学んでいく。そういった経験は確実に人生を豊かにし、厚みをつけてくれます。

また、もしも授かるものならば、子どもを授かることも大きな宝となるはずです。私自身、双子の子どもたちを授かったことは人生で一番嬉しい体験でしたし、仕事でもなんでも子どものためだと思えば、頑張れる——。そう心の底から思っていますから。

2020年のコロナ禍で、結婚をする方が増えたと聞いています。それはやはり先行き不安な時代、1人では乗り越えられないことも、2人なら、3人なら乗り越えられる。そう考えた方が多かったからでしょう。

それに家にいる時間が増え、改めて〝自分が1人である〟という現実と直面した方もいらっしゃったのではないかと思います。実際、私の相談所にいる35歳の男性会員からも、こんなメールが届きました。

「スーパーに買い出しに行ったら家族連れがたくさんいて、みんな、たくさんの食料品を買い込んでいたんです。

だけど、僕のカゴに入っているのは、たった1人分のスパゲッティとカップ麺、缶詰が数個だけ。猛烈に寂しくなって、改めて早く結婚したいと思いました」

〝1人ぼっち〟はやはり寂しいものです。それにコロナ禍に限らず、人間は命のバトンを次の世代へと渡し、旅立っていくものですから。両親や兄弟、大切な人たちが周りからいなくなっていく時、隣に誰かいるかいないかというのは、残される側にとって大きな違いとなるでしょう。

もちろん結婚は人生の全てではありませんから、しない選択があってもいい。しかし、してみたいという気持ちがあるのなら、一度は挑戦してみるといいのではないでしょうか。

最後に、今年の春に結婚を予定している、40歳の男性の話をしたいと思います。

彼は2020年の春、相談所にやってきました。聞けば、もう11年も婚活をしているとのこと。年収は600万円で容姿も普通。条件は悪くないのに、なぜ結婚できないのか。

その理由は、すぐにわかりました。「早く結婚したい」と口にする割に動きも遅く、すぐ楽をしたがる。結果、頑張れば結婚できる女性を何人も逃してしまっていたのです。

私のところで婚活を始めてからも、お見合いやおつきあいを断られると、彼は決まったように、「もうやめます」と言っていました。その度に私は、「そう、やめるのね」と、いったんその言葉を受け取っていました。

ところが、それから数日経つと彼は必ず電話をかけてきて、宣言するのです。

「やっぱり、結婚したいので頑張ります。ここでやめてしまうのは、悔しすぎるから」

「そう。じゃあ、もう一度頑張りましょうよ！」

私のかけた言葉に、彼は挫けては起き上がり、挫けては起き上がり婚活を続け、夏頃に1人の女性と出会いました。求める条件にぴったりはまった彼女に彼は夢中となり、全ての情熱をかけて「100日結婚」のセオリーを実行。そして100日後にとうとう、長きにわたった婚活を卒業することになったのです。

もしもあなたが、「結婚したい!」と決めたなら、忘れないでくださいね。必要なのは、容姿でも条件でも、ましてやじっくり恋愛をする時間でもありません。

それは、絶対に諦めないという心。そして、自分の持てるエネルギーと情熱を全て注ぎ込んだ、〝100日〟という期限です。

2021年1月吉日　鎌田れい

「100日結婚」スケジュール表

「100日結婚」スケジュール表の使い方

このスケジュール表は、「100日結婚」のスケジューリングに使っていただけたらと思い、作成したものです。

私は、相談所の男性会員にいつも、会話やデートの内容を簡単でいいからメモしておくようにすすめています。理由は、進行状況を常に把握しておくため。また、仮交際の段階で複数の女性と交際をしていると、誰と何をしたか・どんな話をしたか、わからなくなってしまうことが多々あるからです。

日付横の「**LINE**」「**TEL**」項目には、連絡できた日にチェックを入れましょう。

「**メモ（覚えておくべきこと）**」には、お相手との会話内容で覚えておくべきこと。例えば〝ホットヨガが趣味〟〝食事は和食が好き〟など、彼女の趣味や好みなどを書き入れます。

「**デート企画**」には、デートの記録や今後の予定を書いておくといいと思います。

これを見れば、進行状況は一目瞭然。仮交際の段階でももちろん役に立ちますが、真剣交際後も過去のデータを見直せるため、交際の進め方を決めていくのに、とても便利です。

「100日結婚」を成功に導くツールの一つとして、ぜひ活用していただければと思いいます。なお、言うまでもありませんが、仮交際中に複数の女性と交際している場合は、1人につき一枚、表を作成してください。

ただし、「スケジュール表をつけているから」「僕はやるべきことをやっているから」と、安心してはいけません。〝毎日LINEをした〟〝デートでごはんをごちそうした〟は最低限のこと。それをシステマティックに行ったところで、相手に気持ちが届くわけではないのです。

毎日連絡をするなら、そこでどんな話をするのか。会った時にどんな笑顔を見せるのか。女性の気持ちを自分に向け、好きになってもらうためにすべきことを考えて行動しなければ、結婚には至りません。

しっかりと女性の気持ちをつかむ努力を怠らずに、100日の計画を立ててくださいね。

スケジュール表フォーマット記入例

異性と話した内容で
覚えておくべきことをメモする

自分からちゃんと
連絡したかどうか？

デートの記録
などを書く

	月/日	日数	LINE	TEL	メ　モ（覚えておくべきこと）	デート企画
第1ターム 〈TODO〉		1				
		2				
		3				
		4				
		5				

こちらのQRコードから
スケジュール表フォーマットの
PDFがダウンロードできます。

※2021年1月の情報です。
ご利用の端末によってはダウンロードできない
場合もございます。

https://ji-sedai.jp/book/publication/works/100nichikekkon_2.pdf

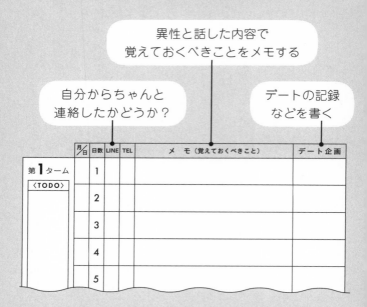

具体的な記入見本

第**1**ターム

〈TODO〉

Aさん
28歳
銀座OL

デート
木・日

月/日	日数	LINE	TEL	メ　モ（覚えておくべきこと）	デート企画
2/15	1	交換	ファーストコール	(好)食事イタリアン・お酒　(嫌)玉ネギ	
16	2	✓			
17	3	✓			
18	4	✓	✓		
19	5	✓	✓		銀座・映画
20	6	✓			
21	7	✓		(好)スイーツ・カフェ	会社終わり飲み
22	8	✓			
23	9	✓			
24	10	✓	✓		
25	11		✓	(好)イルカ	カフェ
26	12	✓			
27	13	✓	✓		
28	14	✓	✓	(好)立ち飲み	イタリアン
3/1	15	✓	✓		
2	16	✓	✓		
3	17	✓	✓		
4	18		✓	(嫌)アウトドア	立ち飲み
5	19	✓			
6	20	✓	✓		
7	21	✓	✓		水族館

〈TODO〉

月/日	日数	LINE	TEL	メ　モ（覚えておくべきこと）	デート企画
	22				
	23				
	24				
	25				
	26				
	27				
	28				
	29				
	30				
	31				
	32				
	33				
	34				
	35				
	36				
	37				
	38				
	39				
	40				
	41				
	42				

第**1**ターム

〈TODO〉

月/日	日数	LINE	TEL	メ　モ（覚えておくべきこと）	デート企画
	1				
	2				
	3				
	4				
	5				
	6				
	7				
	8				
	9				
	10				
	11				
	12				
	13				
	14				
	15				
	16				
	17				
	18				
	19				
	20				
	21				

〈TODO〉	月/日	日数	LINE	TEL	メ　モ（覚えておくべきこと）	デート企画
		64				
		65				
		66				
		67				
		68				
		69				
		70				

第**2**ターム

〈TODO〉

月/日	日数	LINE	TEL	メ モ（覚えておくべきこと）	デート企画
	43				
	44				
	45				
	46				
	47				
	48				
	49				
	50				
	51				
	52				
	53				
	54				
	55				
	56				
	57				
	58				
	59				
	60				
	61				
	62				
	63				

〈TODO〉	月/日	日数	LINE	TEL	メ モ（覚えておくべきこと）	デート企画
		92				
		93				
		94				
		95				
		96				
		97				
		98				
		99				
		100				

第3ターム

〈TODO〉

月/日	日数	LINE	TEL	メモ（覚えておくべきこと）	デート企画
	71				
	72				
	73				
	74				
	75				
	76				
	77				
	78				
	79				
	80				
	81				
	82				
	83				
	84				
	85				
	86				
	87				
	88				
	89				
	90				
	91				

星海社新書ラインナップ

170 コンビニ・ダイエット　浅野まみこ

コンビニ食で、ラクしてやせる！

１万8000件以上の栄養相談を実施してきた管理栄養士が、無理な我慢ゼロで、やせることができるダイエットテクニックをオールカラーレシピ付きで紹介します！

172 NHK「勝敗を越えた夏2020 ～ドキュメント日本高校ダンス部選手権～」高校ダンス部のチームビルディング　中西朋

「同調」と「個性」は両立できるのか？

部活ダンスから紐解く、日本の未来のチーム像。
高校生に寄り添い続けた200時間に及ぶ密着取材、ここに完全収録。

173 弱い男　野村克也

野村克也、最後のぼやき

「老い」「孤独」「弱さ」に向き合って生きてきた野村克也が、死の直前に語った10時間に及ぶ貴重なインタビューを収録。
一流の「弱さ」に満ちた最後のメッセージ。

SEIKAISHA SHINSHO

100日《ひゃくにち》で結婚《けっこん》

二〇二一年一月二五日 第一刷発行

著者 鎌田《かまた》れい

発行者 太田克史《おおたかつし》
編集担当 岩間梓《いわまあずさ》
構成 中村真希子《なかむらまきこ》

アートディレクター 吉岡秀典《よしおかひでのり》（セプテンバーカウボーイ）
デザイナー 榎本美香《えのもとみか》
フォントディレクター 紺野慎一《こんのしんいち》
校閲 鷗来堂《おうらいどう》

発行所 株式会社星海社
〒一一二-〇〇一三
東京都文京区音羽一-一七-一四 音羽YKビル四階
電話 〇三-六九〇二-一七三〇
FAX 〇三-六九〇二-一七三一
https://www.seikaisha.co.jp/

発売元 株式会社講談社
〒一一二-八〇〇一
東京都文京区音羽二-一二-二一
（販売）〇三-五三九五-五八一七
（業務）〇三-五三九五-三六一五

印刷所 凸版印刷株式会社
製本所 株式会社国宝社

ISBN978-4-06-522225-6
Printed in Japan

174
SEIKAISHA SHINSHO

次世代による次世代のための

武器としての教養
星海社新書

星海社新書は、困難な時代にあっても前向きに自分の人生を切り開いていこうとする次世代の人間に向けて、ここに創刊いたします。本の力を思いきり信じて、**みなさんと一緒に新しい時代の新しい価値観を創っていきたい。若い力で、世界を変えていきたいのです。**

本には、その力があります。読者であるあなたが、そこから何かを読み取り、それを自らの血肉にすることができれば、一冊の本の存在によって、あなたの人生は一瞬にして変わってしまうでしょう。**思考が変われば行動が変わり、行動が変われば生き方が変わります。**著者をはじめ、本作りに関わる多くの人の想いがそのまま形となった、文化的遺伝子としての本には、大げさではなく、それだけの力が宿っていると思うのです。

沈下していく地盤の上で、他のみんなと一緒に身動きが取れないまま、大きな穴へと落ちていくのか？　それとも、重力に逆らって立ち上がり、前を向いて最前線で戦っていくことを選ぶのか？

星海社新書の目的は、**戦うことを選んだ次世代の仲間たちに「武器としての教養」をくばることです。**知的好奇心を満たすだけでなく、自らの力で未来を切り開いていくための〝武器〟としても使える知のかたちを、シリーズとしてまとめていきたいと思います。

2011年9月

星海社新書初代編集長　柿内芳文

SEIKAISHA SHINSHO